D1568267

El cambio está en ti

Neale Donald Walsch

El cambio está en ti

Las 9 actitudes que transformarán tu vida

AGUILAR

FONTANAR

Título original: When Everything Changes, Change Everything
© 2009, Neale Donald Walsch
De esta edición:
D. R. © Santillana Ediciones Generales, S.A. de C.V., 2009.
Av. Universidad 767, Col. del Valle.
México, 03100, D.F. Teléfono (55 52) 54 20 75 30

Primera edición: marzo de 2010
ISBN rústica: 978-607-11-0420-5
Diseño de colección: Jesús Acevedo

Impreso en México

Índice

Prólogo

Por favor siéntate

Sí, de verdad.

Por favor.

Siéntate.

Hay grandes posibilidades de que leas estas primeras líneas de pie —en alguna librería o en casa de alguien—, intentando descubrir si te interesa seguir la lectura.

De ser así, por favor siéntate, te aseguro que no te conformarás con unos cuantos párrafos, querrás dedicarle más tiempo a lo que está escrito aquí. "Róbate" todos los momentos que puedas con este libro antes de decidir si lo compras o no —porque quisiera que sepas en qué te vas a meter.

Este libro no se limita a ser libro. Representa una interacción a través de la cual realizaremos hallazgos extraordinarios sobre cómo funciona la vida a nivel mental y espiritual, de aquí surgirá una revelación sorprendente en cuanto a la forma en que podemos cambiar nuestra experiencia con el cambio —lo cual significa, naturalmente, nuestra experiencia de vida—. La conversación que estamos a punto de iniciar te abrirá un camino para recibir ayuda y encontrar paz. Ahora tú estás luchando con los cambios en tu vida. Quise que te sentaras porque prefiero que tengas una posición más cómoda para saber esto y apropiártelo. Lo que compartiré contigo no puedes recogerlo "de paso", en datos aislados y fragmentos sueltos de lectura por aquí y por allá. Éste libro te incitará a sentarte.

También quise que te sentaras para recibir esta noticia. Sentado o de pie, listo o no, debo decirte: Los cambios en tu vida nunca acabarán.

Si piensas dejar las cosas un rato, para esperar que todo se calme, quizá recibas una sorpresa. Nada "se calmará". Las cosas estarán en constante movimiento en este planeta y en tu vida por mucho tiempo. De hecho. . . : sí, bueno, mejor te lo digo así será siempre.

El cambio es lo que es —no hay forma de cambiarlo.

Lo que puede cambiarse es la manera en que manejas el cambio, y la manera en que el cambio te cambia.

De eso trata este libro.

Vamos a hablar de cómo manejar grandes cambios, no sólo pequeños. Me refiero al cambio que surge del colapso, la calamidad y la catástrofe —o de lo que etiquetamos de esa forma—. De manera que si tu vida se está colapsando en este momento, si te encuentras en medio de una calamidad, si ha ocurrido una catástrofe, lo que encontrarás aquí puede salvarte, en el aspecto emocional y también en el físico.

Aquí encontrarás 9 actitudes que transformarán tu vida; esta lista modificará tu realidad, o no. Tú decides. Pero por lo menos conoce los pasos, investiga de qué se trata.

Espero que asumas estas 9 actitudes lo más rápido posible. No sólo porque los cambios de vida que estás experimentando (que todos sufrimos) no dejarán de presentarse, sino también porque el ritmo del cambio seguirá en aumento.

Alguien comentó hace unos años que mi bisabuelo vivió sin que sucediera nada en toda su existencia que amenazara su panorama del mundo de manera importante, porque se enteraba de muy pocas cosas que ocurrían y que pudieran alterar su comprensión de la realidad.

Mi abuelo tuvo una experiencia diferente. Vivió unos treinta o cuarenta años, no mucho más, antes de que se develara alguna información nueva que confrontó de manera importante su concepto del mundo. Quizá se enteró en toda su vida de media docena de grandes eventos o avances.

En la época de mi padre el rango del cambio bajó de quince a veinte años. Ese lapso equivale más o menos al tiempo que mi padre pudo aferrarse a sus ideas sobre el mundo y cómo funciona y en cuanto a la verdad respecto a todo. Tarde o temprano sucedería algo que perturbara su construcción mental e hiciera necesario que modificara sus pensamientos y conceptos.

En el transcurso de mi vida ese tiempo se ha reducido a un lapso de cinco a ocho años.

En la vida de mis hijos se reducirá a dos años (quizá menos), en tanto que en la de sus hijos podría limitarse a unas treinta o cuarenta semanas.

No exagero, es la tendencia. Los estudiosos de las ciencias sociales dicen que la tasa de cambio aumenta de manera exponencial. En la época de mis bisnietos el periodo de cambio se reducirá a unos días, y después, incluso a horas.

En verdad, ahí nos encontramos (y siempre nos hemos encontrado ahí). Porque de hecho, nada ha permanecido igual ni siquiera un instante. Todo está en movimiento, y si definimos cambio como la alteración de configuraciones, veremos que el cambio es el orden natural de las cosas. Hemos estado viviendo en un constante torbellino de cambio desde el principio.

Lo que resulta diferente en la actualidad, es la cantidad de tiempo que tardamos en darnos cuenta de los cambios que están sucediendo siempre. Nuestra red de comunicación global, en todos sentidos, ha provocado que cambie la manera en que experimentamos el cambio. La velocidad de las comunicaciones está alcanzando a la de las modificaciones. Esta condición en sí, propicia y acelera el ritmo del cambio.

Hoy día, nuestra lengua y expresiones cambian de la noche a la mañana, nuestras costumbres y estilos son diferentes cada estación, nuestras creencias, formas de entender e incluso algunas convicciones profundas cambian en cada generación, y no de una generación a otra.

Dado que el cambio ocurre con tanta rapidez en torno nuestro entorno y dentro de nosotros; lo que necesitamos es un libro guía, un "manual del operador" dirigido a quienes se enfrentan a realidades de la vida que cambian drásticamente. Por tanto, este libro constituye más que una colección de anécdotas o de "historias de la vida real" de personas que han pasado por cambios en su vida, y rebasa al tratamiento ligero de una sesión para algo que merece una exploración más profunda. Este texto ofrece ciertas visiones de la experiencia de otros (incluso la mía), que pueden ser valiosas y que constituyen una explicación necesaria de las bases mentales y espirituales del cambio —junto con instrucciones específicas del uso de las herramientas mentales y espirituales para cambiar la manera en que el cambio nos cambia.

Las 9 actitudes no nos capacitan para detener el cambio —espero que haya quedado claro que eso es imposible—, ni siquiera para reducir su ritmo, pero sí para dar un salto cuántico en nuestro enfoque ante él, en nuestra manera de manejarlo, y en nuestros modos de crearlo.

Por último, las ideas que incluye este libro se basan en sabiduría antigua, ciencia moderna, psicología diaria, metafísica práctica y espiritualidad contemporánea. La invitación que hago supone que existe la Divinidad, que la vida tiene un sentido, que los seres humanos poseemos alma, que nuestro cuerpo es algo que tenemos y no algo que somos y que la mente está siempre bajo nuestro control.

Rechazar cualquiera de estas nociones rompe el esquema de casi todo lo escrito aquí. Por otro lado, si estos conceptos te resultan válidos, quizá en mucho tiempo no hayas leído un libro tan útil, tan poderoso y con tanta capacidad de ayudarte como el que tienes en las manos.

9 ACTITUDES QUE PUEDEN CAMBIAR TODO

Cambia tu decisión de "hacerlo solo"
Cambia tu selección de emociones
Cambia tu selección de pensamientos
Cambia tu selección de verdades
Cambia tu idea sobre el cambio mismo
Cambia tu idea sobre por qué sucede el cambio
Cambia tu idea sobre el cambio futuro
Cambia tu idea sobre la vida
Cambia tu identidad

Nota del autor

LA SIGUIENTE EXPLORACIÓN se divide en dos partes. La primera aborda los aspectos físicos relacionados con cómo experimentamos el cambio, mientras que la segunda trata de los aspectos metafísicos. En otras palabras, veremos primero cómo funciona la mente y después el alma.

El dominio de ambos aspectos de nuestro ser, no sólo nos recordará cómo pensar, sino qué pensar.

Tengo claro que la mente constituye una herramienta, un mecanismo, y que el alma es el combustible de la maquinaria. Mientras menos combustible uses, más ineficiente será el funcionamiento del motor. Por otro lado, si tu alma proveé a tu mente energía espiritual, tendrás la "mente llena" y el funcionamiento de la maquinaria podrá producir milagros.

PARTE UNO

La mecánica de la mente

Conocerla puede ayudarte a transformar la experiencia del cambio que estás experimentando.

El libro en el momento justo

SI EN ESTE MOMENTO hay algo importante que esté cambiando a tu alrededor, lo lamento.

Sé el conflicto que implica poner las cosas en su lugar. También sé qué se siente anhelar que esas cosas permanezcan allí. Comprendo cuánto nos altera que no sea así, que no se pueda.

Obviamente, resulta más que un "trastorno" que lo que cambie sean situaciones y condiciones que afectan tu SEGU-RIDAD.

Si de pronto te encuentras sin un medio de sustento, incapaz de encontrar trabajo, con muchos pagos atrasados y quizá hasta a punto de perder tu casa, te enfrentas a algo más que la sensación de que "las cosas han cambiado; sientes que "todo está perdido". La sensación no es únicamente de des-acomodo o de desorganización, sino de franca amenaza.

Si no enfrentas un cambio en tu vida de ese nivel de ca-lamidad, pero sí a un cambio importante, la amenaza puede ser en gran medida parte de tu experiencia. La mayoría siente amenazada su forma de vida al enfrentar cualquier tipo de cambio importante, en especial si está relacionado con lo que llamo "el gran árbol":

Relación
Dinero
Salud

Si alguno de estos aspectos está cambiando, el reto puede ser muy fuerte. Si dos de los tres lo hacen, la situación puede tornarse increíblemente difícil. Si hay modificaciones en los tres al mismo tiempo, el efecto puede ser devastador en extremo.

Ya lo conozco. Ya lo viví. Me sucedió que todo se modificara al mismo tiempo.

Hablemos de sentirse amenazado. . . me fracturé el cuello en un accidente automovilístico (Salud), tuve que dejar de trabajar muchos meses para rehabilitarme, mientras la compañía de seguros buscaba por todos los medios pagarme menos o no pagarme (Dinero), todo esto en medio del dolor de separarme de la compañera de mi vida y de nuestros hijos, pues nuestra existencia tomó súbitamente otro curso (Relación).

Hablemos de sentirse amenazado. . . Terminé como indigente durante un año, viví a la intemperie, caminando por las calles donde mendigaba monedas y recogía latas de refresco y botellas de cerveza para reunir un poco de dinero que me alcanzara para comer (algunos días no me iba muy bien), una bolsa de dormir y una tienda de campaña, dos pantalones de mezclilla, tres camisas y unas cuantas chucherías que eran todo lo que poseía.

Sé lo que es perder el sentido de seguridad. Sé lo que es sentirse desvalido viendo cómo se desmorona una vida que cambia por completo en dos semanas. Sí, yo sé de eso. Confíen en mí.

También sé un poco sobre cómo manejarlo. Y no es que lo haya hecho muy bien entonces, pero, una vez más, este libro trata de lo que aprendí desde ese punto del camino.

Aquí vamos a hablar sobre lo que he recogido de fuentes muy autorizadas respecto a la manera de manejar el cambio. Porque ese es el tema, la conclusión. En tales situaciones, sentimos como si estuviéramos enfrentándonos al colapso, la calamidad, la catástrofe. . . pero esos son efectos exteriores consecuencia de una sola causa: cambio. Hay algo que ya no es como antes. Algo se modifica, de manera irrevocable, inmensurable, fundamental y absoluta.

Hoy me envió un correo electrónico una señora que está pasando por una fuerte confusión en su vida. Sabe que estoy escribiendo este libro y dijo: "No sé si hubiera siquiera identificado lo que me está sucediendo como cambio. En medio de la confusión, cuando todo se derrumba en torno nuestro, no podemos identificarlo con el nombre de cambio. Se siente más bien como el FINAL. Todo lo que uno conoce concluye y no queda nada. Si antes de saber sobre su libro me hubieran preguntado si he estado experimentando un cambio, jamás lo hubiera definido así. No sé ni cómo lo habría nombrado, quizá: la ruina de mi vida, el final".

Esta señora, Leah, me autorizó citarla en el libro. Agregó algo muy importante: "El cambio da miedo, pero no es lo mismo que sentir: Se acabó el juego. Busqué cambio en el diccionario, el significado indica que llegará algo nuevo. Es una perspectiva muy diferente de la que conciben algunas personas que se enfrentan al desastre en su vida y puede ser útil ayudarlas a identificar que cambio no es sinónimo de fin, que entiendan el significado de la palabra".

Muy bien Leah. Su comentario me llevó a romper el primer capítulo que había escrito, Leah tenía razón, decidí que primero debía definir CAMBIO, la palabra:

El cambio es una variación de cualquier circunstancia, situación o condición, física o no física, de manera que el original se altera de manera tan radical que se vuelve irreconocible, y es imposible regresar a algo semejante al estado anterior.

En otras palabras, hablamos de una desviación mayor; no se trata de cambiarse de ropa, de menú o el programa de televisión, sino de eventos que transforman la vida, que lastiman, que hacen daño, que matan sueños, que destruyen planes y alteran el futuro; también hablamos de sanarlos con eventos que cambian igualmente la vida. Lo que decimos es que cuando todo cambia, a veces lo mejor que puede hacerse es cambiar todo. No sólo lo físico, sino también lo no físico. Esto incluiría tus emociones, pensamientos y hasta tus verdades.

Hablamos de una revisión completa, de pies a cabeza, de dentro hacia fuera. Después de todo, tu vida casi perdió valor de dentro hacia fuera, entonces, ¿por qué no terminar el trabajo? Sólo en este momento siéntela como quieres sentirla, y no como sientes que estás forzado a aceptarla. . .

Al embarcarte conmigo en esta exploración espero que percibas que entiendo por lo menos un poco de lo que te sucede, que sepas que todo esto no surge de alguien que no tiene la menor idea de lo que estás pasando, de algún gurú que "arregla todo", que te sermonea desde la cima de una montaña y que nunca se ha encontrado ni siquiera cerca de donde estás. Espero que puedas sentir que si nada va por buen camino en tu vida, tener este libro en tus manos es algo positivo. Hoy sucedió algo bueno.

Podemos empezar con eso. Partiremos de ahí. Tú y yo vamos a estar juntos y armaremos tu vida otra vez, de una nueva manera, para que sea incluso mejor.

¿Si me atrevo a prometerlo? Bueno, lo que digo es: "Vamos a intentarlo". Veamos qué se puede hacer. No tienes nada que perder, ¿verdad? De modo que intentemos. Hagamos que tu elección de este libro no sólo sea algo bueno que pasó hoy, ¡sino algo de lo mejor que ha pasado en tu vida! ¿Qué dices? ¿Aceptas? ¿Quieres intentarlo?

Si la lucha por la vida te ha cansado, abatido y devastado tanto que ni siquiera te sientes capaz de dar un primer paso, podrías sólo intentar intentarlo? Creo que si intentas intentarlo, lo lograremos. Y lo que te prometo es que no tienes que ir más rápido de lo que quieras, ni más rápido de lo que te haga sentir cómodo.

Te daré muchos momentos para detenerte, espacios para respirar, así podrás "tomar un descanso" cada vez que quieras. No hay nada peor que un libro que sostiene: "Sentirse bien es lo más fácil del mundo" cuando experimentas lo opuesto. Deploro los libros cuya premisa es: ¡Sí!, ¡sí!, ¡vamos, vamos!

Sí, perfecto, con unas palabras de aliento todo estará mejor, y yo digo para mis adentros: "Cómo no". Ahí es donde empiezo a sentirme peor, porque parece que no entiendo, aunque el autor dice que es muy fácil, no lo logro.

De manera que hay que ver si estamos de acuerdo en algo: no es fácil. No sin herramientas. Y, ¿quién tiene las herramientas? ¿En qué escuela se estudio para superar Calamidad I? ¿Dónde se impartió Elementos de cambio en el vida moderna? Manejar los grandes cambios, los cambios monumentales, no le ha resultado fácil a nadie, pero es posible. Puedes pasar por el cambio, encontrarte en medio de la catástrofe y estar bien. Puedes estar muy bien. Sé que eso contradice la intuición, pero resulta que es cierto.

Eso es todo lo que quería decirte en estos primeros momentos del encuentro. Sólo quería darte una razón para continuar, y no quiero decir que únicamente con este libro, sabes a que me refiero.

Bien. Ya hay suficiente en qué pensar por ahora. Puedes seguir con la lectura si lo deseas, sin que sea obligación. Es decir, aquí hay un lugar perfecto para detenerte, para dejar el libro y tomarte un descanso.

Como dije antes, diseñé este libro con muchas pausas, con lugares para "respirar" y estar contigo mismo y con las ideas que revisamos. Estos espacios no sólo aparecerán al final de los capítulos, sino también en medio; (deploro el sentimiento de querer llegar por lo menos al final del capítulo para no sentirme desertor creyendo que si no puedo terminar ni un capítulo, mucho menos podré con el libro, por eso, quiero que sepas que me hará feliz si no terminas un capítulo de corrido, eso significará que has sentido el impacto de lo que dije y querrás detenerte a pensar en ello. Magnífico.

Siéntete en libertad de detenerte aquí y pensar en lo que dije: "Puedes pasar por el cambio, encontrarte en medio de él y sentirte bien. Puedes estar muy bien". Ése es un pensamiento de buen sabor. Puedes regresar más tarde a lo demás, cuando así lo decidas; también puedes decidir olvidarte del libro. Depende de ti. Es la segunda cosa buena que te ha sucedido hoy: tomas de nuevo el control. Sí, sí, es algo pequeño (sigas o no leyendo el libro) pero así se empieza. Así es como empiezas la reconstrucción. . .

Si quieres detente ahora para darte un:

Espacio para respirar

Respira lo que has leído y luego decide si quieres continuar, o descansar un rato y volverme a encontrar aquí más tarde. . . o ya no.

Si estás listo para continuar pasa a. . .

Qué hacemos tú y yo aquí

Supongo que si tienes este libro en las manos es porque se te está moviendo el piso. Hay algo que cambia en tu vida, o que ya cambió , y es importante para ti. Algo que incluso puede tocar el espacio de tu integridad o de tu seguridad personal. Quizás empiezas a confrontarte con las emociones que genera el nuevo escenario o quizá ya las enfrentaste hace tiempo y aún no las superas. En cualquier caso, el cambio y sus efectos fue lo que te atrajo a este libro, o lo que te llevó a comprarlo para otra persona, un amigo, pariente, cliente o miembro de tu congregación, si es para alguien más, apresúrate a terminarlo y, ¡entrégalo de inmediato!

Ya que sabemos que haces aquí, permíteme decir qué hago yo aquí. Estoy aquí porque ya estuve donde te encuentras y quiero ayudarte. Estoy aquí porque me sucedió algo que me ayudó y quiero transmitírtelo. Estoy aquí también porque veo que sucede algo bastante raro en nuestro mundo, que tú también lo ves, y veo que todo se transforma en cada punto del planeta con tanta rapidez que es difícil estar al tanto. Estoy aquí porque sé que a menos que todos encontremos una manera de manejar el cambio y su ritmo, en lo individual y lo colectivo, será difícil llegar a un buen lugar. De modo que estoy aquí para extenderte una invitación dividida en nueve partes, para modificar la manera en que experimentas el cambio para siempre. Estoy aquí para ver si puedo comprometerte al "cambio del cambio".

Bueno, ésas son mis razones para estar aquí. Hablemos ahora de lo que podemos co-crear juntos. Cuando platicaba con mi esposa, Em, dijo algunas cosas que me impresionaron mucho: No veo este libro como libro, sino como un compromiso. Creo que una persona lo elige como compromiso para abrirse a una manera totalmente nueva de enfocar la vida y de vivir cada momento. Es como aprender un arte marcial, entendiendo que cambiará la manera en que te mueves por el mundo, o como decidir aprender otra lengua hasta conocerla de manera tan entrañable que la sientas propia. Estos proyectos son de por vida y cambian las bases mismas de tu ser.

Vivimos en una sociedad de gratificación inmediata, donde todo tiene que entregarse en quince minutos. Pero esto no es como un café instantáneo. Existen algunas formas de comprensión esenciales e importantes que hemos adquirido a través del tiempo y que no pueden incluirse en un panfleto.

Se trata de voltearse al revés para quedar abierto a todo lo que implica la vida, de manera que te sientas realmente vivo, en la existencia otra vez, que es algo que la mayoría de nosotros desconoce desde los cuatro años de edad (o quizá siempre).

La portada de este libro dice *El cambio está en ti*, de modo que espero que los lectores se sienten, apaguen su celular y se comprometan, por lo menos, a media hora de lectura diaria, hasta que sea una práctica.

Yo mismo no lo hubiera explicado tan bien. Le dije. "Bueno, no hay nada más importante que la manera en que experimentas la vida, mi amor", me sonrió. "¿Qué más puede haber?", después, enmarcado en su cabellera negra, vi que su rostro cobraba una expresión muy suave. "No hay nada más sagrado para cada uno que la forma en que experimenta su Yo, como expresión de vida. ¿Qué más puede haber?.

Volví a estar de acuerdo con ella. De manera que ahora te invito a ver cómo has estado experimentado y expresado la vida hasta hoy, para luego hacer esa espléndida pregunta que el Dr. Bhil introdujo en el léxico global: ¿Qué tal te ha funcionado?

Si no te ha funcionado en absoluto, quizá el mensaje te llega justo a tiempo. Es posible que tu alma te haya guiado hacia este libro de manera que, en palabras de Em, vuelvas a quedar disponible para todo lo que ofrece la existencia. ¿Sabes qué? Creo que eso es exactamente lo que sucedió. . .

Lo que haré, es comprometerte a nivel personal de una manera diferente a la de otros libros. No quiero hablar frente a ti, quiero hablar contigo. En este momento te veo frente a mí, y me veo hablando contigo tranquilamente, a tu lado como uno de tus amigos, acompañándote en todo lo que te ha sucedido en estos días, y ofreciéndote algunas sugerencias.

Aunque ya sé que sólo se trata de un libro, puede convertirse en mucho más si tú lo permites. Precisamente porque yo ya pasé por gran parte de lo que te sucede ahora, creo que juntos podremos crear algo que no haga únicamente lo que la mayoría de los libros, aportarte información sino llevarte a lo que logran muy pocos: producir una experiencia real y viva, sobre todo útil en este momento de tu vida.

Te invito a que te me unas para eliminar la barrera de tiempo y espacio que existe entre nosotros. Lo más importante es que ni siquiera tengo que estar vivo para lograrlo. Tú sí, desde luego, pero yo no. Es decir, tú podrás leer este libro muchos años después de mi muerte, y aún así podremos conectarnos a nivel de la Esencia, a través de la experiencia común de ser humanos.

Es maravilloso pensar que aquí estoy yo, escribiendo, ahora. . . y que tú estás precisamente aquí, leyendo. Nuestros ahoras no tienen que coincidir para que la experiencia coincida. De esta forma, la mente pliega el tiempo como un acordeón. Siga yo vivo o no cuando leas este libro, lo que quisiera es co-crear contigo una experiencia interactiva que cambie tu vida. A partir de mi experiencia puedo decirte que lo más importante para ti en este momento es no permitirte estar solo. Ya me he visto en esas condiciones en soledad, y no quiero que te sientas igual, nunca. De manera que esta es mi forma de acompañarte, el libro representa nuestra conversación.

No finjas que la añoranza no ha vivido en ti,
oscilando, como un péndulo.
Has estado perdido,
y como un delincuente
te robaste tu corazón
dejándolo en la oscuridad.
Pero la vida está cansada, amigo mío,
de seguir
sin ti.
Es como la mano de una madre

que ha perdido a un hijo.
Y si en algo te pareces a mí,
has tenido miedo.
Y si en algo nos parecemos,
Has medio tu valentía.
Hay lugar en esta barca:
toma tu asiento.
Toma tu remo,
y nosotros, todos nosotros,
remaremos para llevar nuestros corazones
de vuelta a casa.

"La Añoranza" © 2005 Em Claire*

---

* Todas las poesías que aparecen en el libro son de Em Claire.

La primera actitud

MUY BIEN, SUPONGAMOS que acerté en cuanto a la razón por la que lees este libro. Si así es, te hará feliz saber que hay una forma de darle vuelta a las cosas para hacer de tu vida lo que siempre has imaginado. De hecho, existen muchas maneras, no sólo una; son muchos caminos los que llevan a la cima de la montaña, quiero ser muy cuidadoso y no presentarme jamás, como el tipo que cree poseer "la Respuesta".

No obstante, si tengo con una respuesta que me funcionó ya compartí lo que viví, así que estoy aquí para decirte que una forma de darle la vuelta a las cosas es asumir. . .

9 actitudes que transformarán tu vida

En adelante hablaré contigo sobre cada una de estas actitudes que serán una herramienta para enfrentarte a la calamidad, a los cambios tumultuosos en tu realidad y al colapso de lo que creías que iba a resultar de determinada manera.

Si decides asumir las 9 actitudes que sugiero, creo que podrás hacer verdadera transformaciones en tu vida; específicamente serás capaz de convertir el miedo en entusiasmo, la preocupación en asombro, las expectativas en anticipación, la resistencia en aceptación, la decepción en distancia, el enojo en compromiso, la adicción en preferencia, las exigencias en satisfacción, los juicios en observaciones, la tristeza en felicidad, el pensamiento en presencia, la reacción en respuesta y los tiempos de confusión en tiempos de paz.

Sé que todo esto parece demasiado bueno para ser cierto, pero es real y puede suceder en tu vida ahora mismo.

Para no sonar como quienes arreglan todo con: "¡Sí, sí, vamos, vamos!" permítanme repetir que enfrentarse al cambio no es fácil. No sin herramientas, pero la buena noticia es que éstas existen, que el bosque tiene salida, que hay una luz al final del túnel. La velocidad con la que pases y salgas de lo que te sucede hoy, depende del camino que tomes (y quién te acompañe).

Vuelvo aquí al primer punto (y a la primera actitud), la experiencia me ha demostrado que puede ser muy benéfico recorrer el camino contando con el apoyo de alguien, por ello estoy contigo. Por eso te hablo de este modo. Si te quedas conmigo, saldrás adelante. De modo que debes darte todas las "pausas" que quieras. Haz la exploración a tu ritmo, pero independientemente de lo que hagas, permanece en movimiento. No dejes que tu mente te detenga en algún lugar oscuro.

¿De acuerdo?

En este momento, si lo deseas, puedes darte un:

Espacio para respirar

Respira con la seguridad de lo que acabas de leer, luego decide si quieres continuar, o descansa y búscame más tarde.
Cuando estés listo para continuar pasa a. . .

Una invitación para dejar de retroceder

El primer cambio al que te invito, es a modificar la manera en que manejas el cambio.

Muchas personas retroceden ante el cambio. No les gusta porque significa entrar a lo desconocido, dejar atrás algo, o a alguien, para aventurarse en otra cosa algunos representa enfrentarse a una profunda incertidumbre, incluso a la amenaza de su supervivencia, para muchos, implica hacerlo solos.

Esta es la mayor queja que han expresado quienes se acercan a mí a través de los años, siempre acompañada con tristeza en cuanto a los cambios que están experimentando.

He trabajado como asesor espiritual con más de 10 000 personas, individualmente en el tiempo, y tras conversar con infinidad de gente empecé a oír y a ver las mismas cosas una y otra vez, y lo que más he visto es soledad, soledad emocional.

Permítanme volver a Leah, la mujer que me escribió y que amablemente me permitió usar sus mensajes en este libro. Como ya mencioné, transita una confusión emocional. Le escribió a mi esposa y quiero compartir qué le dijo.

Primero quiero explicar qué hace Em, para que sepan por qué Leah decidió contactarla. Em es poeta y sus palabras sirven como un bálsamo medicinal, al presentar sus textos en diversas capitales del mundo, comparte los cambios drásticos que se han dado en su vida en los últimos cinco años, tanto en alturas como en valles, en retos como en avances. Son muchos los que le han dicho que después de escucharla sienten: "Dios mío, no estoy solo". Comprenden que ella ha experimentado el mismo desmantelamiento y el mismo llamado a la re-creación del Yo, por ello visitan su sitio de Internet [www.emclairepoet.com], y ahí, profundamente conmovidos y abiertos por su arte, se conectan con ella.

He aquí lo que Leah compartió con Em:

"Cuando me falta esperanza y estoy perdida, me siento profundamente sola. Pero sé que hay otras personas que llevan dentro de sí esta misma oscuridad. Cuando la gente está contenta, se reúne y comparte esa energía. Cuando sufre un gran dolor, se aleja y la domina la sensación de aislamiento, de estar en la oscuridad y al margen de la vida. Me ha sido muy útil saber que no estoy sola y tal vez le sea útil a otros".

La experiencia de Leah no es rara. Su correo electrónico fue una prueba más de la cadena de quince años que me demostró que el autoaislamiento es a lo que recurrimos cuando sentimos la pérdida de algo importante para nosotros a través de un cambio de circunstancias o condiciones.

Nos refugiamos en nosotros mismos cuando se empieza a mover el piso. Yo lo he hecho, ¿ustedes? Ya no lo hago, pero como lo he hecho lo reconozco rápidamente. Incluso quienes se encuentran en relaciones con compromiso, de matrimonio o de sociedades de negocios duraderas, suelen volverse calladas, retraídas, suelen aislarse en sí mismas (e incluso resistirse a sí mismas).

Lo que espero en este momento es que hagas todo lo que esté a tu alcance para asegurarte de transitar por esta época crítica en tu vida. Leer este libro es un buen principio. De hecho un gran principio. Pero se trata sólo del principio.

Exploremos. . .

Actitud 1:

CAMBIA TU DECISIÓN DE "HACERLO SOLO"

Este cambio es sencillo, pero necesita de algo a lo que no está acostumbrada la mayoría de la gente y con lo que no siempre está cómoda: transparencia.

La razón por la que muchos tendemos al aislamiento al enfrentarnos a grandes problemas —por cierto, ¿se han dado cuenta de que casi todo gran problema que han enfrentado ha surgido de algo que cambió?—, es que nunca nos hemos dado permiso de que se nos vea como personas imperfectas, o que no tienen todo.

Desde niños nos enseñaron que no debíamos ser "una carga para los demás" con nuestros problemas. Además, nos dijeron que de cualquier modo casi todo es nuestra culpa, entonces, ¿para qué recurrir a otro? Aprendimos la lección: hicimos la cama y ahora tenemos que dormir ahí.

Ninguna de las enseñanzas anteriores tiene el menor valor. Quienes nos educaron se equivocaron en esto. La necesidad de ser "perfecto" y de "tener todo" es manifestación de una necesidad mayor: la de aprobación.

La mayoría aprendió en la infancia que la aprobación de nuestros padres y de otros mayores era necesaria para ser "buenos niños". A muchos nos dijeron que existe un ser llamado Santa Claus que "hace una lista y la revisa dos veces, para saber si eres bueno o malo". A otros nos contaron que Dios nos ama y nos cuida, pero que igual juzgará todo lo que hagamos "mal" y nos condenará en el juicio final si la lista es muy extensa o contiene faltas graves.

Así, el amor y el miedo entraron al mismo recipiente y se mezclaron muy bien. Nuestro miedo a perder el amor es lo que provoca que no nos amemos a nosotros mismos como quisiéramos que otros nos amaran; de este modo resulta fácil caer en la autocondena y la autoresistencia. Nos hemos vuelto tan expertos en ello que hacemos el trabajo de los demás aunque ellos pretendan hacerlo.

El trabajo de condenar, recriminar y desaprobarse a sí mismo debe hacerse en privado, desde luego, puesto que los demás podrían desaprobarlo. De tal modo, escondemos nuestras emociones y algunas veces nos escondemos de los demás cuando nos enfrentamos a dificultades y a problemas.

Lo irónico es que precisamente en esos momentos es cuando nuestros seres queridos querrían permanecer con nosotros. ¿No te gustaría que contara contigo algún ser amado que sufre? Claro que sí. De hecho, tu primer impulso sería ir con él.

Necesitamos confiar en que a los demás les sucede lo mismo. La gente quiere ayudarnos. No sienten que seamos una "carga". Todo lo contrario. Se sienten enaltecidos.

Saber que hemos ayudado a otros nos confiere valor, eleva hasta el cielo nuestro sentido de autoestima. La vida de pronto cobra sentido. O por lo menos en ese momento nos da la sensación de tener un propósito superior. Si reflexionamos, toda ocupación no es más que una manera de ayudar a otros para que tengan lo que deseen. Cantantes, bailarines, pintores, policías, médicos, maestros, plomeros, actores, bomberos, desnudistas, sacerdotes, basquetbolistas, fotógrafos, sobrecargos, meseros, directivos. . . ¡Todos hacen algo que le ayuda a alguien más a obtener lo que desea!

Eso es lo que hacemos aquí. Intentamos ayudar a alguien. Saberlo hará más sencillo aceptar ayuda de un profesional o —de un ser amado—, cuando nuestra situación es especialmente aguda. ¿Para qué hacer más difícil que alguien nos preste ayuda si es exactamente lo que necesitamos y lo que los demás quieren ofrecernos?

Olvidémonos de "no ser una carga para los demás".

¿De acuerdo? ¿Entendido?

Los invito a comprometerse a buscar a alguien con quien compartir sus sentimientos en cuanto a los cambios que están experimentado. Si ayuda, pueden mencionar que leen este libro, incluso pueden compartir la lectura.

No importa con quién se conecten, pero conéctense con alguien. Con un pariente, amigo, consultor personal, sacerdote, ministro, u oficiante musulmán. Conéctense con un miembro de la "Red de cambiar el cambio". Conéctense con alguien. Al conectarte con otro, te conectarás contigo mismo.

Acabo de decir algo muy importante que repetiré para que no se pase por alto: cuando te conectas con otro, te conectas contigo mismo.

Conversar con otra persona, comunicarte con una mente ajena a la tuya, te pone en contacto con una parte de tu Yo que es más grande que tu mente y pensamientos. Esto se debe a que el acto de hacer contacto con alguien te saca del diálogo interior para devolverte al exterior.

En el diálogo externo, hay otra persona que puede brindarte nueva energía y que te mostrará una perspectiva diferente. Puede entrar en materia con la mente despejada, libre de los juicios personales que filtran tu visión. La otra persona verá cómo eres realmente, lo que confirma la ironía de que a veces tienes que salir de ti mismo para "poder entrar en ti mismo. En ocasiones tienes que dejar de verte, para lograr verte.

Amarte a ti mismo

Para amarte a ti mismo empieza aquí:
Toma tu mano y ponla en tus labios
luego,
toca con lo suave de tu mejilla la redondez de tu hombro
donde,
te perfuma
el tenue almizcle
de los sueños duraderos y las tareas de tu vida.
Ahí empiezas.
Por el principio.
El dolor de tu corazón ya encontró
la superficie.

Em Claire

Había una vez. . .

ADEMÁS DE BUSCAR el diálogo con otros, también ayuda "meterte a profundidad" y re-acompañarte con tu alma. Esto es diferente a lo que has hecho últimamente. Aquí hay un compromiso con el alma y no con la mente.

Sucede con frecuencia que cuando la gente se enfrenta a un cambio que verdaderamente impacta su vida, se desconecta de su alma para enterrarse profundamente en su historia. Tu historia no vive en tu alma, sólo en tu mente.

Si piensas que meterte a profundidad en ti te dará claridad, tienes razón. De hecho, mi axioma favorito es: El que no entra en sí mismo, se sale de sí. Sin embargo, "meterte en ti" y "enterrarte a profundidad en tu historia" son cosas diferentes.

La historia es un cuento que te narras sobre ti mismo. Empieza así: "Había una vez. . . y habla de todo lo que te ha pasado, cómo sucedió y por qué. Es tu narración interna, una síntesis que presenta las conclusiones a las que has llegado sobre ti mismo, conclusiones que pocas veces se basan en tu verdadero ser, y en cambio suelen incluir los peores juicios sobre ti mismo.

Enterrarte a profundidad en ese desastre rara vez produce claridad. De hecho: nunca, puesto que la historia no es real. Existe sólo en el interior de tu mente. Puede parecerte muy real, pero no constituye la realidad.

Por otro lado, "entrar en ti" es emprender un viaje en el que el Yo se aleja de la mente y viaja hacia el alma, donde no existe la historia personal. Esto te permite proceder de un espacio totalmente diferente para ver lo que te está pasando. Te diriges hacia un espacio diferente para poder partir de un espacio diferente.

Esto puede lograrse de muchas maneras. Al final se trata sólo de guardar silencio ante ti mismo pero de un modo diferente.

La ironía es que ya estás en silencio ante ti mismo. Quizá te encuentres en medio de una abrumadora autorreflexión en este momento. Pero se trata de explorar las reflexiones que reflejen quién eres, en vez de pararte frente a uno de esos espejos que deforman tu imagen y te muestran grotesco. Una vez más, se trata de mantenerte en silencio ante tu alma, no ante tu mente.

¡No recurras a tu mente para la autorreflexión! Ahí perderías el rastro de ti mismo. La gente pierde contacto con su mejor Yo lo que llamo su verdadera identidad, concepto que explicaré más adelante.

El problema más grande de "meterse a la cueva" de la mente es que no sólo nos confrontamos con nuestra historia personal de la forma poco halagadora que ya describí, sino que también le agregamos la versión personal de lo que nos está pasando en este momento, y por qué. Esto también lo vemos en un espejo que deforma. O, en palabras de Leah, cuando compartí con ella hoy la manera en que todos nos atrapamos en nuestra historia personal. . .

"Creo que mi historia se entrelaza de una manera muy complicada con las cosas externas que suceden en mi vida: carecer de ingreso, ser indigente, preguntarme qué haré para comer, mi imposibilidad de encontrar trabajo. Estas circunstancias me informan sobre quién soy, saco conclusiones de mí misma a partir de estos hechos".

En realidad, todos lo hacemos. Mientras no dejemos de hacerlo. Cuando hay cosas muy grandes que transforman para mal nuestra vida, solemos pensar que es nuestra culpa. Algo que hicimos, o que no hicimos, lo provocó. Suponemos que fallamos de algún modo. Y en los momentos de fracaso nos recriminamos. Vemos como un error todo lo que pensamos que "provocó esto", o las omisiones, mostrando muy poca piedad.

Si no caemos en culparnos, lo hacemos en el autocuestionamiento. Nos metemos a la cueva de la mente para imaginarnos por qué sucede lo que sucede. Comentando este libro por correo electrónico con Leah ella dijo:

¿Por qué suceden las cosas?, ¿por qué estoy a punto de convertirme en indigente? ¿por qué no encuentro trabajo? Porque soy ¿_____? Porque hice ¿_____?, y no hice ¿_____?

Personalmente, me resultaría útil entender por qué, los seres humanos tenemos esta necesidad de conocer la causa de lo que nos sucede. Quizá se trate de alguna necesidad fundamental, básica, de comprender las cosas que nos rodean. O quizá necesito aprender a separar las circunstancias externas de mi situación actual: no tener dinero ni manera inmediata de arreglar las cosas.

Como quiera que sea, sentirnos culpables por provocar un cambio indeseado o culparnos por no saber cuál es la causa, es imposible imaginar que alguien nos pueda amar, pensamos que "sólo lo dicen", pues no podemos imaginarnos amarnos a nosotros mismos y nos perdemos dentro de la mente. Perdemos la pista del verdadero Yo, del mejor Yo, mientras divagamos en la trama de nuestra historia distorcionada. ¿Pudo jamás existir una persona peor? ¿Un fracaso mayor? ¿Un ser humano menos capaz, confiable, deseable y valioso?

Lo curioso es que sabemos lo que hacemos. Sentimos cómo nos condenamos, y nos volvemos a condenar por hacerlo, esto nos aleja aún más de quienes somos; y si alguien que no nos conoce bien pregunta qué nos pasa, contestamos: "Nada. Sólo que hoy me siento diferente".

Nada más cercano a la verdad.

Y como dije, lo sabemos. En lo profundo de nuestro ser sabemos que no somos así, pero desconocemos el camino para regresar a quiénes somos; no atinamos qué hacer.

Nos dirigimos entonces a la mente y regresamos al monólogo interior. Seguimos hablando con nosotros mismos sobre la situación, con el problema de que no podemos llegar a nosotros mismos, a nuestro verdadero y mejor Yo, la historia obstruye el acceso. Empezamos a pensar que somos esa historia, que ésa es la verdad y lo demás simulación. Lo único que logramos ver es eso, nos convencemos de que todo lo bueno es parte de la simulación que representamos, mientras que lo malo es lo real, esto es lo que consideramos nuestra verdadera historia.

¿Hay algo que te suene conocido? A mí sí, ya hice todo esto, y a veces reincido, sucede hasta que me obligo a suspender la rutina y este libro trata de cómo hacerlo.

Si hoy te sientes diferente, pon en práctica la actitud 1 y cambia la decisión de "hacerlo solo".

Haz ese cambio, hoy. No mañana. Hoy.

Decide conectarte con tu alma y después desplegarte. Busca a alguien que no opere en tu historia. Alguien que te conozca bien y que no te vea como crees que eres, sino como realmente eres. Conversa con esa persona y descubrirás que esa actitud transforma la manera en que experimentas el cambio que modifica tu vida actualmente.

Si no cuentas con alguien en este momento que pueda darte la oportunidad del diálogo externo, te tengo una sorpresa. Haré de este un libro de dos sentidos, te invito a que converses conmigo y con otros que ya leyeron el texto, incluso mientras avanzas en él. Lo que digo es que puedes dejar el libro y conectarte con alguien ahora mismo. Alguien que comprenda por lo que estás pasando. Alguien que ya estuvo ahí. Es una espléndida idea, ¿verdad? Puede incluso resultar una forma revolucionaria de experimentar la lectura.

Quizá sólo quieras conectarte con alguien porque tienes alguna pregunta sobre lo que has leído, deseas ampliar la explicación, o quieras saber cómo han experimentado otros lo que aquí se presenta. Me parece justo. Ve a la computadora y busca un sitio de Internet que se creó especialmente para ti, para ayudarte a transformar la manera en que experimentas tu vida.

www.changingchange.net

Fíjate en esto. . . No sólo puedes escribirnos y esperar respuesta, también puedes hablar con nosotros, en conversaciones en tiempo real, ya sea por conferencias grupales o teleclases programadas. Puedes explorar en la red lo que experimentas y lees incluso simultaneamente, y preguntarle a los miembros de la red lo que desees.

En este mismo sitio puedes ver videos de personas que han vivido cambios trascendentales en su vida; contestan preguntas y comentan cómo lo lograron.

Y no tenemos porque terminar aquí. También puedes recibir asesoría personal de ciertos miembros capacitados para ello, asistir a talleres sobre el cambio con duración de un día, que imparto yo, participar en los retiros espirituales de renovación que yo facilito.

El punto es que puedes contar con toda la ayuda que quieras. Lo importante es que no te sientas solo. No es necesario que manejes en soledad tu situación actual. Hay otros que pueden ayudarte. A esas personas les interesas. Yo soy una de ellas. Y hay más. Los miembros del equipo que se han unido a la comunidad de "Cambiar el cambio", y que han creado la red; todos ellos, con amor y gentileza te ayudarán a atravesar por el hoy y te acompañarán a la salida del otro lado.

Si esto necesitas, te invito nuevamente, entra a:

www.changingchange.net

Escribe. Alguien que está pasando, o que ya transitó el mismo camino, no tardará en darte respuesta. Te pido por favor que no te cierres, ni te sientas tímido, apenado, o necio o lo que sea, al compartir tu situación con otro.

Conéctate. Conéctate. CONÉCTATE.

En caso de que no. . . de que verdaderamente no, sigue leyendo este libro. Aquí te conectas conmigo y yo contigo.

Eso es una maravilla.

¿Quieres seguir adelante?

Levantarse juntos
Es un bello momento para estar vivos.
Y en el largo camino a casa hay mucha gente,
nosotros, estamos en todas partes.
Pero en la lucha por rendirse es donde caminamos solos.
Por eso la próxima vez que caigas
mira a los dos lados de donde yaces
y toma la mano
de tu amada hermana o hermano
cuyo rostro está enlodado.
Podemos levantarnos juntos, aunque hayamos caído solos,
porque es un bello momento para estar vivos
hasta en este largo camino a casa.

Em Claire

La respuesta normal al cambio

Bueno. . . permítanme un momento. Necesito advertirles algo. Como digo las cosas más de una vez, cuando avance nuestra conversación no se descontrolen pensando: "¿No lo acaba de decir?" Es muy probable que así sea.

En las agencias publicitarias de Nueva York sostienen que una persona promedio no absorbe por completo todo el contenido de un mensaje sin haberlo oído entre cinco y seis veces. No sé si es cierto, lo que sé es que muy pocas veces yo mismo capto un mensaje completo —y mucho menos sus matices y su impacto real— la primera vez que lo escucho; por ello, algunas cosas las repetiré varias veces, quizá tres o hasta cuatro.

Trataré que mis reafirmaciones sean interesantes. . . pero les pediré un poco de paciencia, consideración. Este libro se escribió de manera circular, sin seguir una línea recta. Ése es el estilo que elegí porque quiero estar seguro de que todo lo

49

que quiero compartir quede claro, y algunas veces la repetición me da esa seguridad, ¿de acuerdo?

Entonces. . . como dije antes, no sé qué haya cambiado en tu vida, lo que sé es que constituye un problema. De eso estoy seguro. ¿Por qué? Porque todo cambio representa un problema, incluso si es uno "positivo".

De modo que no debes sentirte desesperado si "realmente ya no puedes" con la situación. Es algo normal. De hecho, con frecuencia el cambio no sólo trae problemas. Puede acarrear también una gran cantidad de emociones. La manera en que se experimente, como un lapso de confusión y angustia o un lapso de paz y creatividad depende de las emociones que genera.

Casi todo cambio produce miedo. ¿Lo sabías? Sucede no sólo con los "malos", también con los "positivos"; por ejemplo, decides casarte, e inmediatamente te desplazas hacia el miedo. ¿Qué pasa si no dura el amor? ¿Y si elegiste la pareja equivocada?

Entras a un trabajo nuevo y mejor, e inmediatamente te desplazas hacia el miedo. ¿Qué pasa si no puedes hacer lo que dijiste que harías al solicitar el empleo? ¿Y si no funciona?

Reacomodas los muebles de tu sala, e inmediatamente te desplazas hacia el miedo. ¿Qué pasa si a tu pareja no le gusta cuando llegue a casa? Quizá lo mejor es que regreses todo a su lugar y comentes el reacomodo.

Hay personas que ni siquiera pueden cambiarse el peinado sin desplazarse hacia el miedo. ¿Me vería ridículo? ¿Estaré perdiendo en vez de ganar lo poco que quise hacer para beneficiarme?

Parece una locura, pero así pensamos. Eso hacemos. Lo haces tú y lo hago yo. Todos hacemos este tipo de cosas. Porque permanecer constituye comodidad. Incluso la permanencia que nos mata y la que nos aburre hasta el bostezo. Pero alguien dijo: "La vida empieza donde termina tu zona de confort". Es bueno recordarlo, la vida empieza donde termina tu zona de confort.

De modo que si en este momento estás incómodo, debes saber que el cambio que sucede en tu vida representa un principio, no el final.

Pero si fuera el final, no vamos a engañarnos. Hay algo importante que concluye. Algo significativo terminó. Algo presente en tu vida desapareció, se desvaneció, se evaporó, así nada más. Quizá sea una persona. Tal vez un sueño.

O el fin de tu protección, de tu seguridad. Puede que estemos hablando de algo más que la pérdida de un novio, o de un trabajo. Puede ser que lo que suceda constituya una amenaza mayor que eso.

De acuerdo, llamémosle por su nombre. No tratemos de hacernos tontos. Tú sabes qué está sucediendo en tu vida y hay que decirlo tal como es. Pero, habiéndolo dicho, esto es lo que yo quiero decir. . .

Lo que sea que haya terminado. . . representa un principio.

No olvides que estás escuchando a un tipo que vivió un año en la calle. Estás hablando con alguien que perdió todo. Trabajo. Esposa. Familia. Todas las pertenencias que algún día amó. Incluso me robaron el coche. En una calle de Portland, Oregon, a media noche. Ya había perdido mi casa. Estaba "acampando" unos días en el departamento de un amigo mientras podía reubicarme. . . una mañana, al salir, descubrí que mi Chevy Impala —viejo y destartalado— había desaparecido.

Desaparecido.

Mi última pertenencia era mi coche. Ya no tenía nada. Nada. Tenía la ropa que llevaba puesta. Había dejado en el departamento mi kit para rasurar y algún otro artículo. Eso era todo.

Yo sé que son los finales. Y sé que lo que pensé y sentí que era el final absoluto, se convirtió en el principio de una vida que sólo en sueños podía concebir. Creo entonces que me he ganado las credenciales para, por lo menos, plantar esa semilla en tus pensamientos. Es posible que sea muy pronto (quizá demasiado) para hablar de salir adelante con tus nuevos principios, y tal vez las condiciones de tu vida ni siquiera te permitan hacerlo en este momento, pero no es demasiado pronto para plantar la semilla. Todos lo hemos oído cientos de veces y parece trillado repetirlo ahora, pero. . . hay que hacerlo: "Por cada puerta que se cierra hay otra que se abre".

Ni importa qué hayas perdido —trabajo, casa, cónyuge, crédito, sueño, esperanza, incluso salud—. . . no importa qué hayas perdido o qué haya cambiado drásticamente, puedes volver a empezar y alcanzar incluso mayores alturas.

Te lo juro.

Esa verdad se ha demostrado tantas veces en mi vida que ya no me altero cuando las cosas cambian. Sólo espero ver qué sigue, en vez de asustarme me intriga la idea de lo que está por venir.

Ya ni siquiera lo temible me asusta, como perder prácticamente todo mi fondo de jubilación durante la crisis financiera del otoño de 08. La gente corría de un lado a otro: "¡Qué horror! ¡Qué horror! ¡Qué horror!", y mi único pensamiento era: "Así como viene se va. Todo está perfecto. La vida continúa. Yo que ya viví en la calle lo puedo volver a hacer".

Debo admitir que cuando has vivido sin techo durante un año tu punto de vista cambia. Pero no es necesario experimentar algo tan extremo para salir adelante con sabiduría, porque todos la tenemos, muy en el fondo, en el inconsciente. Sabemos todo lo que debemos saber, y sabemos que lo sabemos. Pero algunos no lo creemos. Es "demasiado bueno para ser verdad", es la idea que lo impide.

Para mí, "creer" se ha convertido en "saber". He vivido lo suficiente para saber que la mayoría de las cosas que me preocupaban jamás sucedieron, que la mayoría de las cosas que me hacían sentir mal me trajeron un bien, y que la mayoría de las cosas que esperaba que permanecieran igual no podían permanecer así porque el cambio es el proceso natural de la vida misma.

Ya lo mencioné, pero permítanme reiterarlo: la vida es cambio, y cuando nada cambia nada vive. Todo lo que vive se mueve. Eso abarca a la existencia entera. Hasta una piedra se mueve. Si ponemos una piedra en el microscopio para ver su estructura molecular, descubriremos un pequeño universo con una característica interesante: todo está en movimiento.

La vida es movimiento. El movimiento es cambio. Cada vez que una partícula submolecular oscila a través del tiempo y el espacio, hay algo que se mueve. Por tanto, el cambio es inevitable, es la naturaleza de la vida misma.

La clave de la vida está en no tratar de evitar el cambio, sino en crearlo, de eso trata la parte 2 de este libro. Así tendrás el cambio que elijas. Pero en este momento estás en medio de una transformación en tu vida que no elegiste, por lo menos no de manera consciente y te confrontas con las emociones que genera; probablemente entre ellas está el miedo, a cualquier nivel, quizá la tristeza, tal vez un poco de enojo o hasta mucho.

Debo creer que te enfrentas, por lo menos, a una de estas tres emociones. Examinemos. Veamos el miedo más de cerca.

¿Quieres tomar un pequeño descanso? De acuerdo, si necesitas dejar el libro en este momento, está bien, toma un:

Espacio para respirar

Respira con lo que leíste, decide después si quieres continuar, o descansar un rato, antes de volver conmigo.

Si estás listo para continuar, pasa a. . .

Darte cuenta de que eres absolutamente normal

Qué buena manera de cuidarte a ti mismo. Ver lo que estás haciendo, hacer una pausa sólo para eso y luego decidir de manera activa lo que quieres hacer después, es una espléndida manera de cuidarte a ti mismo. Lo acabas de hacer y es una maravilla. Es un buen hábito para adoptar en la vida.

Regresando al tema, hablábamos del miedo.

El miedo es omnipresente, lo que es comprensible. Después de todo lo que lo genera es lo desconocido. Ése es el mayor temor que enfrentamos: el miedo a lo desconocido. La mayoría de los cambios nos lanzan al camino de lo desconocido. No todo cambio, pero sí la mayoría.

Hay cambios que nos llevan a lugares donde ya hemos estado, y también a eso le tememos. Pero la mayoría de los cambios no son muy predecibles, nos dejan en el espacio de ignorar qué será. Entonces nos movemos con aprensión, por no decir con miedo.

Algunas veces, el cambio despierta el miedo de no llegar jamás a donde queríamos; de que la vida transcurrirá quitándonos la esperanza y los sueños, robándose las oportunidades, matando al espíritu y despojándonos de nuestra razón de ser.

Todo esto es normal. Es comprensible que te sientas así. Después de todo, la vida ha hecho algunas de estas cosas. Y el daño siempre llega en forma de algo que ha cambiado. Es bueno ser consciente de que todo cambio en nuestra vida se verá acompañado de cierta dosis de miedo, sea cambio para bien o para mal. Saberlo, hará que dejes de acudir al miedo ante el cambio en sí. Si aceptas temerle al cambio, podrías terminar rechazando cualquier tipo de cambio por el resto de tu vida, incluso aquellos que fueran para tu bien.

No harás que el cambio deje de presentarse sólo porque no realizas cambios en ti mismo. Lo único que lograrás es evitar que el cambio suceda tal como lo deseas. Actualmente, la situación del mundo prueba lo que digo.

Me arrincono
Como pasa con nosotros
Yo hago, y tú partes en dos
cualquier confort que
construyo.
Siempre inseguro
de qué quieres de mí;
creyendo todo lo que me dicen
de cómo es que
la vida debería ser nuestro gozo desdoblante
me arrincono con miedo, a veces
Dios
como un animal
que no entiende el trueno;

que no entiende el rayo.
Que no entiende, la Iluminación

Em Claire

Es hora de saltar

TAL VEZ SEA ÚTIL QUE SEPAS que lo que está sucediendo en tu vida, sucede en todas partes, en la vida colectiva de este planeta. Tal vez así será menor tu sensación de que el universo "se la trae contigo" (y te sentirás menos aislado).

En este momento suceden cambios para muchísimas personas. La economía del mundo sufre alteraciones radicales que provocan que toda la humanidad reordene sus prioridades básicas de vida. La política mundial ha cambiado y vemos lo que nunca pensamos. La medicina, la ciencia y la tecnología descubren secretos sorprendentes que han transformado lo que creíamos de las bases mismas de la vida. Los pensamientos más recientes del mundo en cuanto a relaciones y matrimonio han hecho que mucha gente salga de su zona de confort. Y la manera en que la mayoría maneja este conflicto, ha llenado de terror nuestra vida.

A nivel personal, la gente pierde su trabajo, sus ahorros e incluso su casa. Dado que un segmento de la población cada vez mayor se vuelve más y más vieja, muchos presenciamos que los miembros de nuestra familia sufren la transición que llamamos muerte. Los matrimonios y las uniones terminan cada vez con mayor frecuencia y se presentan mucho menos que antes. Perdemos a nuestros seres queridos a un ritmo vertiginoso. Nuestra postura ante el papel que desempeñamos como padres y de educadores se ha modificado tan drásticamente que impacta la dinámica interior de las relaciones familiares, de maneras que ni siquiera hubiéramos soñado. Todo esto forma parte de un proceso mayor que sucede en el planeta. La sociedad humana está en la agonía de reinventarse a sí misma. Pero la mayoría de nosotros transita la situación sin un diagrama, sin mapa de carreteras, sin herramientas. Por eso puede resultar muy útil lo que quiero compartir aquí.

Al decírselos no pretendo que se depriman más, si no ayudarles a que tengan claro que esto no les sucede sólo a ustedes. La buena noticia es que hay una manera de tomar las riendas para llevar la diligencia por el camino, por lo menos a nivel personal. Hay una manera de controlar y modificar tus reacciones ante el cambio y, a partir de ahí, controlar, dirigir y crear los propios cambios.

Llevo un rato planteando el escenario, porque quiero darte un contexto uno muy rico, desde el que se pueda abarcar todo lo que vamos a considerar enseguida.

Nos estamos moviendo a través de lo que la antropóloga y científica social Jean Houston llama "hora de saltar", en su notable libro: *La hora de saltar*. Dice Jean: "Es un momento en el ciclo eterno de la vida en el que hacemos una rectificación monumental de todos los aspectos de nuestra experiencia, como lo hizo la humanidad durante los 300 años del Renacimiento un abrir y cerrar de ojos en el reloj de la eternidad, a partir del cual todo, del arte a la política, de la cultura al gobierno, del comercio a la educación, de la religión a la experiencia sexual, de la unión y la paternidad a la manera de comer, beber y hablar cambió de manera tan fundamental que nada, literalmente nada, volvió a ser lo mismo".

La característica que detiene el corazón en este caso, en nuestro nuevo Renacimiento, es que no está sucediendo en 300 años, si no en treinta. Sí, dije treinta años. Esto se debe y nos deja sin aliento, a que se ha multiplicado por diez la amplitud, el panorama y la velocidad de la comunicación global intercultural de la que hablé antes.

Vivimos al borde de lo que llamo "El tiempo de la instaparencia", en el que todo se sabe al instante, con transparencia. Esta conciencia de saber lo que sucede, momento a momento, en todas partes produce alteraciones en perspectiva que inician la caída de las fichas de dominó.

La humanidad no podrá manejarlo, tú no podrás manejarlo, a menos que se revele "La respuesta para todo". Eso es lo que haremos aquí. Vamos a revelar el secreto. Tú y yo, aquí mismo.

Pero primero debemos hablar de por qué los cambios en tu vida han sido tan dolorosos. Después compartiré esa verdad realmente sorprendente, de manera que el cambio jamás vuelva a doler; ni siquiera aquel que lleva consigo calamidad, como perder todo o tener que vivir en la calle. Pero si no cuentas con los cimientos que estamos construyendo, el secreto te parecerá vacío, superficial.

Descansemos un poco, contemplemos la velocidad en que tú y tu mundo se enfrentan al cambio. Sólo inhala y...

Relájate un momento

Estás aquí, justo ahora. Pensando en todo lo que se ha dicho, trata de no "hacer nada", sólo tienes que "estar" con esto, inhala, y agradece este momento. Luego, cuando estés listo para continuar, pasa a. . .

Eventos contra realidad. . .
¿Qué significa todo esto?

Sé que me he impuesto una gran tarea, espero convencerte de que los cambios que suceden en tu vida no tienen que ser dolorosos, comprendo que la cotidianidad te ha demostrado que el cambio es doloroso, pero la clave para terminar con el dolor es conocer su causa, la causa de la herida, entender por qué te sientes como te sientes.

Y aquí van las noticias al respecto: no se trata del cambio en sí. No se trata de perder el trabajo o de terminar una relación o de la incapacidad súbita de pagar las cuentas o de cualquier otra cosa que suceda en el mundo exterior. Se trata de la manera en que piensas al respecto.

Esto es la causa de la tristeza, del enojo. Nunca se trata de un suceso exterior, siempre de un proceso interior. Un evento y tu realidad en cuanto a ese evento no son lo mismo.

Y, de nuevo, tiene suficiente importancia para que lo diga dos veces.

Un evento y tu realidad en cuanto a ese evento no son lo mismo.

Un evento es una cosa y tu realidad otra. Los eventos se crean por condiciones y sucesos externos; mientras que la realidad por condiciones y sucesos internos, ubicados en la mente. Aquí es donde los eventos se convierten en datos, que se transforman en verdades, que se vuelven pensamientos, y emociones, luego experiencias que forman tu realidad.

Si sólo pudieras cambiar algo de ello. . .

Niños de luz

Somos niños de luz
Gracia Dorada.
Alas, hechas para volar,
delicados, estamos encinta
del bien.
Hecho cada uno de tal quietud
que todo el universo
puede oírnos.
Sólo existe el desdoblamiento, el abrirse
que pasa siempre.
Lo demás son pensamientos
paletitas de la mente.
Somos niños de luz,
desfilando vestidos
de especie humana.

Em Claire

La segunda actitud

EXISTEN SEIS COSAS que crean tu realidad en la experiencia física que llamamos vida: eventos, sucesos, verdades, pensamientos, emociones y experiencia. Si alguna de ellas cambia, tu realidad lo hará, lo que significa que si quieres que tu experiencia actual del cambio en tu vida se modifique, necesitas transformar uno de estos elementos, lo que nos conduce a la...

Actitud 2:

CAMBIA TU SELECCIÓN DE EMOCIONES

Lo que quiero decir es que puedes cambiar tu selección de emociones, y así modificar cómo experimentas el propio cambio. No puedo decirte todo sobre forma de hacerlo en este capítulo, porque abarca mucho más que unas cuantas páginas.

Pero debo decirte que esto, está muy ligado a las actitudes 3 y 4, de hecho, tenemos que considerarlas en trino, por el momento permíteme que te diga sólo que puedes cambiar tus emociones sobre lo que sea. Sobre lo que sucede en tu vida ahora mismo, sobre ti, sobre este libro.

Sobre lo que sea.

Quizá pienses que no es posible, incluso puedes sentir que rayo en la arrogancia con sugerirlo. También sé que esto se ha repetido mucho en libros de "autoayuda", conferencias. . . de manera que quizá piensas: "Pues si es tan sencillo, ¿por qué la gente normal no lo hace? ¿No es cruel ofrecerlo como si fuera una zanahoria cuando se sabe que se encuentra muy alto y que la mayoría de la gente no la puede alcanzar?".

Sí, si fuera el caso, sería cruel. Pero jamás lo haría. Nunca les ofrecería algo que fuera imposible de alcanzar. No estoy tratando de enloquecerte, sino de hacerte feliz.

De modo que si ya has oído esto, en esta ocasión quiero que lo pienses. En serio. Por favor, sólo cierra los ojos y piénsalo. Porque lo que he dicho es una de las cosas más importantes y revolucionarias que nadie te dirá jamás. Aunque ya lo hayas oído antes, quizá nunca hayas explorado en lo profundo la posibilidad de que sea cierto. ¿Puedes hacerlo ahora?

¿Será posible que esto sea sencillamente algo que no has entendido bien, y que su comprensión pueda cambiar todo? Ahora te pido que dejes de leer. Sólo un segundo. Haz una pausa, tómate el tiempo suficiente para decidir cómo quieres sentirte.

¿Captaste la ironía? Quiero que elijas cómo deseas sentirte en cuanto a la idea de que tú puedes elegir la manera en que deseas sentir.

Sigue adelante. Cierra el libro y piénsalo. Plantéate algunas preguntas. ¿Cómo sería mi vida si pensara que realmente puedo elegir mis emociones, en vez de sujetarme a ellas? ¿Es posible cambiar una emoción una vez que la tengo? No se trata de ignorarla o de funcionar "encima de ella" sino, en realidad y verdaderamente, de cambiar la emoción. ¿Puedo hacerlo cuando lo desee?

Considera esta pregunta, y lo que implicaría una respuesta afirmativa. Toma un:

Espacio para respirar

Inhala lo que has leído, luego, decide si deseas continuar, o descansar un rato y encontrarme más tarde. . . o ya no.

Si estás listo para continuar pasa a. . .

El patrocinador de todas las emociones

Muy bien, estamos hablando de las emociones. Bueno, yo hablo de ellas mientras las experimentas.. Lo único que deseas es manejar los cambios que suceden con las calamidades amenazantes que ocurren, en tanto que yo me lanzo con una pequeño discurso sobre psicología humana, lo que causa las emociones y la manera en que podemos cambiarlas.

Pero, ¿sabes qué? No me atrevería a hacerlo, ni siquiera a plantear nada de esto, si no pensara que te ayuda. Exactamente aquí, exactamente ahora. Sin importar qué sucede. Sí, aunque hayas perdido tu trabajo, tu casa. Aunque te sientas en peligro de perder todo. Como ya dije, creo saber un poco en cuanto a lo que vives, ya me sucedió, y tardé años en pensar lo que voy a decirte. No lograba enfocarlo. No lo entendía. Hasta que pude, con un poco de ayuda de un amigo.

Permítanme argumentar sobre la idea de las emociones, les prometo que verán, que verás la manera en que todo se une y se relaciona directamente contigo, y la forma en que puedes lograr una verdadera diferencia en tu vida en este momento. Quiero decir que ésa es la idea, ¿sí? Éste es el sentido de nuestra conversación, ¿de acuerdo? De otro modo no haría más que mover los labios.

Volvamos a sumergirnos. Pasemos la emoción específica del miedo, la uso porque es muy poderosa, para ver cómo podemos cambiarla.

El miedo es una emoción patrocinada por un pensamiento que abrigas, que produce una experiencia que tienes por un evento que sucedió en tu vida. La mayoría de la gente piensa que el miedo se produce directamente a causa del evento. Es decir, la mayoría de la gente cree que la secuencia es: evento=experiencia. Eso no es verdad. La prueba de ello es que la emoción no surge uniformemente, la misma cosa no genera miedo, por ejemplo, en dos personas. A veces sí, pero con frecuencia no.

El rugido de un león puede asustar a una persona y a otra no, por ejemplo a un domador. Las alturas pueden aterrar a alguien y a otro digamos, a un equilibrista no. Pronunciar un discurso en público puede paralizar a un individuo —de hecho, esto se ha incluido en muchos estudios como una de las principales causas de miedo en la especie humana— y llenar de energía a un conferencista o a un locutor.

Por lo que podemos estar de acuerdo con que no se puede garantizar que dos personas experimenten miedo al enfrentarse al mismo evento exterior, ¿sí? Pues tampoco el mismo evento logra producir una experiencia idéntica en la misma persona todo el tiempo.

¿Qué produce el miedo? Si no es el rugido del león, ni la altura de la escalera, ni la audiencia. Es algo en tu interior. Son tus ideas, recuerdos, proyecciones, tus conceptos, aprehensiones, comprensión, deseos, condicionamiento y más. Todo lo que se inscribe dentro de una categoría mayor: los pensamientos. Son tus pensamientos los que patrocinan tus miedos, nada más. Los pensamientos patrocinan todas las emociones.

Esto representa a un tiempo una afirmación revolucionaria y controvertida. La ciencia tradicional afirma lo contrario. Los neurocientíficos dicen que la emoción viene antes que el pensamiento, como producto del sistema cerebral límbico, y que el "pensamiento" se presenta en las regiones más altas del cerebro, que analizan las emociones que tenemos. Yo afirmo aquí que en realidad sucede lo contrario. Afirmo que el sistema límbico produce lo que llamo una "Verdad, un concepto mental total sobre algo, a partir de lo que surge un 'Pensamiento', que genera una 'emoción'."

Cada vez que muestres cualquier tipo de emoción podrás decir: "Y ahora unas palabras de nuestro patrocinador". Igual que con los patrocinadores de la televisión, los pensamientos interrumpen la función.

El hecho de que los pensamientos patrocinen las emociones es la mayor noticia que hayas recibido.

Si aceptamos el punto de vista de los científicos en cuanto a que sucede lo contrario, aceptamos que cada uno tiene una incapacidad: una carencia profunda de habilidad para decidir objetivamente las emociones que experimentamos. Aceptamos que estamos sujetos a nuestras reacciones emocionales y que tenemos que sobreponernos a ellas con el pensamiento si queremos transformarlas.

Mi tesis es que no se trata de superar nuestras emociones para que sean lo que queremos, si no crearlas desde el principio. Esta idea puede resultarle nueva a la ciencia, pero no a la espiritualidad que insiste en que somos algo más que máquinas biológicas, que la mente no es lo mismo que el cerebro, sino algo mucho más complejo, y que ¡el alma es aún más grande y compleja que la mente!

En este momento, al enfrentarte a los cambios que suceden en tu vida, ésta es la mejor noticia que puedes recibir. ¿Por qué? Porque es una herramienta que nunca pensaste tener, plantea lo opuesto al modelo científico al poner a los pensamientos antes que a las emociones, en vez de después, lo que implica que el control es nuestro, pues los pensamientos pueden cambiarse.

Al hablar de cambiar nuestras emociones, dije que hacerlo era la manera de transformar el propio cambio, cómo hacerlo? Lo dire: cambien sus pensamientos.

Una mente llena de gozo

Aunque el corazón está acostumbrado a ser
el único lugar donde se encuentra amor,
una mente llena de gozo
atrae al corazón como a una palomilla
la llama que sorprende por diferente.
La llama donde nada se quema,
donde no se prohiben las alas.
Como si Dios ampliara la casa

para habitar todos los cuartos al mismo tiempo,
simplemente
porque
podemos.

Em Claire

La tercera actitud

QUIZÁ NO PUEDAS transformar el hecho de que las cosas están cambiando, pero puedes modificar tu pensamiento al respecto. No sólo es posible, si no que es el punto siguiente en la lista de las 9 actitudes que transformaran tu vida.

Actitud 3:

Cambia tu selección de pensamientos

El pensamiento es una idea que generas. El cambio que sucede en tu vida no es algo que generes, pero tu pensamiento al respecto sí. Ese pensamiento suele no tener relación con la realidad final, con la observable; sin embargo, se vincula con una realidad distorsionada. De hecho, muchas veces la crea.

Y aquí llegamos a "algo grande". Creo que no deberíamos tomar a la ligera lo que acabo de decir. Reflexionemos, dije: "Tu pensamiento es algo que tú generas. Con frecuencia carece de relación con la realidad observable, aunque se vincula con una realidad distorsionada. De hecho, muchas veces la crea".

Acabo de introducir una nueva idea. ¿La captaron? Me referí a tres "realidades" diferentes:

Realidad final
Realidad observada
Realidad distorsionada

A esto le he denominado "trino de la realidad", porque son tres versiones de ella que existen al mismo tiempo.

La realidad final, es lo qué es "así" en cuanto a lo que sucede, lo que es "así" en cuanto a por qué sucede, y lo que es "así" en cuanto a ti: la realidad observable es lo que es aparente frente a ti, y la realidad distorsionada es lo que imaginas que sucede.

Cuál de estas realidades experimentas en un momento dado, depende de ti, de lo que existe en tu mente antes de formar un pensamiento.

El dulce azar del velo

El dulce alzarse del velo viene tan bien
que tal vez nada
sea más bello que
el desliz que un día llamaste
"caminar".

Tus miedos
cayeron tan suave
como la ropa interior

Porque quien eres,
niño desnudo
vuelve todo propósito
hacia la luz
hacia lo que ha estado
siempre
ahí
brillando
como
tú.

Em Claire

La cuarta actitud

VAMOS MUY RÁPIDO, no quiero que pienses que estás oyendo todo lo que hay que decir sobre los cambios, porque hay mucho más. Únicamente estoy introduciendo las actitudes 2,3 y 4 para darte una idea de la dirección de esta conversación. El recorrido es largo y quiero que tengas idea del camino.

En realidad, estas actitudes, como ya dije, deben considerarse juntas. Nuestra exploración fluirá con bastante libertad, como una conversación entre amigos, en vez de apegarnos a un esquema y una estructura, como lo hace una conferencia. Confío en que verás el vínculo entre las actitudes 2, 3 y 4 al avanzar.

Así, al dejar de lado el mapa de carreteras, está la. . .

Actitud 4:

Cambia tu selección de verdades

Dije antes que los eventos de tu vida se crean por condiciones y sucesos externos, pero que la realidad se configura por condiciones y sucesos en la mente. Ahí, como dije, los eventos se convierten en datos, que se transforman en verdades, que se vuelven pensamientos, luego emociones, después experiencias, que forman tu realidad.

Permítanme que ponga estos elementos en línea recta, con signos de más y de igual entre ellos, para visualizarlos. Esto nos permite enfocarnos de una manera más precisa en el proceso de creación de la realidad.

Según lo observo, el proceso funciona así:

$$evento+datos+verdad+pensamiento+emoción=$$
$$experiencia=realidad$$

A esto le llamo "línea de causalidad", y volveré a ella más adelante. Éste es el camino que recorre la mente para producir tu realidad.

Como habrás notado, en la línea la emoción está antes que la experiencia, y la produce. De igual manera, el pensamiento precede a la emoción y le da vida. La verdad antecede al pensamiento; luego llegaremos a la parte de los "datos".

Lo que no muestra la línea es que existen tres tipos de verdad. Tiene relevancia saberlo porque su existencia conduce a la posibilidad del "trino de la realidad"; dicho de otro modo, si hubiera sólo un tipo de verdad, habría sólo un tipo de realidad. Los tres tipos de verdad son:

Verdad real
Verdad aparente
Verdad imaginada

Pronto lo explicaré y sé que les parecerá fascinante. Esto es lo que llamo el mecanismo de la mente. Por ahora, quiero que sepan que es tan sencillo como el ABC. Cada paso que nos aleja de la "A" nos aleja de la paz.

Si buscas paz en este momento de cambio y de confusión, si anhelas paz, tendrás que viajar sobre la verdad imaginada superar la verdad aparente, y llegar a la verdad real, para que tu base cambie de la realidad distorsionada a la realidad observable para llegar por fin, a la realidad final.

Esto es lo único que tiene que ver con la transformación personal y global. Esto es lo que ha hecho todo ser humano al que hemos honrado como "maestro"; esto es lo que puedes hacer aquí mismo, en este instante, en este día.

¿Ha cambiado todo en tu vida? Entonces cambia todo. Empieza a arreglar lo que estás pensando sobre la realidad. La realidad no es estática, fluye.

Bueno, no es exactamente así. Sí ES estática, pero nuestra experiencia respecto a ella no; de eso se trata este libro. La exploración que hacemos es sobre cómo cambiar tu experiencia sobre el cambio en sí, o dicho de otro modo, cómo cambiar tu experiencia de la realidad, en el entendido de que el cambio es la constante de la realidad.

Debo decirles que sentí como si despertara de un sueño profundo cuando "capté" por primera vez que hay tres niveles de realidad, y que podemos experimentar lo que sucede en nuestra vida a nivel de distorsión, observación, o verdad final. Me tardé mucho en formularlo, consumí largos periodos hasta darme cuenta de lo que estoy diciendo, aquí de manera tan sencilla. No quiero que te tardes tanto como yo, quiero que lo aproveches en este momento, primero como concepto, luego como herramienta. Necesitas esta herramienta ahora mismo, no dentro de diez años, diez meses o diez semanas. Ni siquiera en diez días. Necesitas hacerte de esta herramienta de inmediato, porque ahora es cuando pasas cambios extraordinarios.

Si alguien me hubiera hablado de esto cuando transitaba grandes transformaciones, qué diferente hubiera sido. Así que ahí va, permítanme que comparta lo que he descubierto al respecto.

Cada una de las "realidades" que acabo de mencionar es muy diferente de las otras, no sólo un poco, notablemente diferente, y las diferencias surgen de los tres tipos de verdad.

Una de las mayores sorpresas de mi vida fue aprender que no existe la verdad absoluta.

Debería existir un anuncio monumental en algún lugar. Más bien en todos lados. En todas las calles y carreteras debería colocarse un espectacular que dijera:

No existe la verdad absoluta

Te has escuchado preguntándole a alguien: "¿De verdad te lo compraste?", de eso se trata, de lo que "te compras" todos los días.

Cuando entras al "supermercado de la vida", encuentras "paquetes de verdad" de tres marcas. Puedes comprar la verdad real, la verdad aparente o la verdad imaginada.

Supongamos que no hay verdad real en el anaquel. Más adelante comentaré lo real de la cosas, en la segunda parte del libro. Así que nos ocuparemos, ahora, de la verdad aparente, lo que hemos observado, y la verdad imaginada, lo que hemos distorsionado, que sí están en anaquel. Al ver estas verdades con claridad entenderemos la verdad real.

La verdad aparente se basa en lo que observaste que sucedió en el pasado, la evocas al encontrar similitud con lo que está frente a ti en este momento. Es lo que piensas que, aparentemente, es de manera, determinada se basa en tu historia y sus coincidencias con el evento físico que sucede en el presente.

Se acabó tu relación. O te despidieron. O perdiste tu casa. O alguien cercano falleció. O te sientes en un nido vacío cuando tus hijos se van de casa después de haber sido lo más importante de tu vida por veinte años. O lo que sea.

Esto es lo que sucede en el momento en tu mundo físico. Es lo que sucedió. Sabes que sucedió por tu observación directa. Si permaneces en tu verdad aparente, estarás bien, porque la verdad aparente te dará todos los hechos de una experiencia similar que hayas tenido en el pasado. ¿Pero ahí te quedarás? Me refiero a tus pensamientos, ¿será ahí donde te quedes? ¿O correrás hacia tu verdad imaginada? Y, en caso de que asumas a está en lugar de la primera, ¿contarás con las herramientas para regresar a la verdad aparente?

Me parece que las 9 actitudes que transformarán tu vida pueden proporcionarte las herramientas, continúa para comprobarlo.

Tanto en el mar

Salí del hogar hace tanto
que no reconocería mi propio rostro.
Construí la balsa de mi vida
y zarpé
rumbo a mar abierto
diciendo adiós a todos los que sabían
que la mar me daría
lo que puedo afrontar
y lo que no.
Me dijeron adiós y zarpé
rumbo a mar abierto
en la balsa de mi vida
construida con el alma,
terminada de corazón.
Con gran inocencia salí
a mar abierto
y he estado tanto fuera del hogar
que no reconocería mi propio rostro
pero sé que ese hogar
me recuerda.

Em Claire

Existe sólo una emoción

DE MANERA QUE AQUÍ ESTÁS, en el momento presente, enfrentándote a las transformaciones; no cabe duda de que albergas una emoción al respecto. Quizá una emoción intensa. Una emoción que tal vez te sea difícil manejar.

Esta emoción es la que produce tu experiencia del aquí y ahora. Esta experiencia es a la que le llamas realidad.

¿Por qué la experimentas? ¿Por qué estás tan enojado, asustado, o triste? Principalmente porque tú, como la mayoría de las personas, no partiste de la verdad aparente para formar tus pensamientos sobre tu presente, de haberlo hecho, las cosas serían más sencillas. Al sustentarte en tu verdad imaginada todo se complica, y eso es lo que la mayoría compra.

Un león aparece de la nada y ruge. Tu experiencia es quedarte petrificado imaginas que estás en peligro de que te coma. Una carretera en la montaña hace una curva y te encuentras manejando al filo de un precipicio que tiene un kilómetro de profundidad, tu experiencia es sentir terror, te imaginas que un movimiento equivocado significa la muerte. Hay un público que espera que aparezcas para dar una conferencia magistral, tu experiencia es paralizarte porque imaginas las posibilidades de subir al estrado y decepcionar al auditorio haciendo el ridículo. Un cónyuge te abandona de pronto o te despiden del trabajo, o pierdes tu casa, experimentas asombro, enojo, mortificación. Y, tarde o temprano: Miedo.

Todo esto se basa en tu verdad imaginada, que dice que eso es "malo", que serás "infeliz", y que te espera una "lucha" monumental, o lo que sea.

Claro que sentir miedo es normal. Es de esperarse al enfrentar las modificaciones que transitas, no es motivo de vergüenza. Es natural, así nos educaron, nos dijeron que el miedo existe y que es real.

La verdad real es que el miedo no existe. De hecho no existe más emoción que una. Todas las demás son maneras diferentes de empacarla. Existe una sola emoción, una energía en el universo: la energía, la emoción, que nombramos amor. Cuando sabes esto todo cambia.

Ya sé que puede sonar "etéreo" o *new age*, pero cuando explique por qué lo único que existe es el amor, te quedará claro y tu vida se —¿puedo usar la palabra?— sanará. Recuerda: las emociones producen la experiencia, de manera que entender que todo demuestra la expresión del amor, puede modificar tu experiencia de vida.

Pero, ¿cómo puede el cambio ser una demostración de amor? ¿No acabamos de decir, no estamos diciendo que el miedo es la emoción común a la mayoría de la gente en torno al cambio, aunque éste sea para bien? ¿Hablo en serio al sugerir que el miedo no existe?

Sí, sí hablo en serio. Digo exactamente eso. Porque y aquí viene la maravillosa revelación el miedo es una demostración de amor.

Si no te amaras a ti mismo, no temerías por tu persona, no tendrías miedo de nada, porque no te importaría lo que sucediera. Ni siquiera te importaría sobrevivir. El "instinto de supervivencia" es la manera en que la naturaleza expresa el amor. Si no amaras a otro, tampoco temerías por su persona, ni tendrías temor de lo que le pudiera pasar porque no te importaría lo que sucediera.

Qué fácil, ¿no? Acabamos de ver con una lógica impecable que el miedo y el amor son lo mismo, expresados de forma distinta. De igual modo, todas las demás emociones son una expresión de amor. Existe una sola emoción, el amor, manifestado en miles de maneras diferentes. Es la verdad real. Cuando hablemos más de ésta, el concepto será aún más claro. Darás un salto cuántico en tu habilidad para manejar todo cambio en paz. Pero por ahora hagamos lo que sugerí. Volvamos a la verdad aparente y a la verdad imaginada. Es importante hacerlo, porque ahí está la clave de todo.

Pues, como decía, la gente vive mayoritariamente en su verdad imaginada cuando las cosas se modifican, allí la retiene su pasado. La verdad imaginada da vida a un pensamiento, del que surge una emoción, que produce una experiencia (que parece real), cuyo resultado es la realidad distorsionada.

Esto nos lleva a donde quizá te encuentras. Por lo que te acaba de pasar, ese cambio que te ha llegado, que no elegiste, que cayó del cielo o lo trajo el aire, estás enojado, triste, frustrado, decepcionado, desilusionado, o todo junto. Tienes miedo porque estás enamorado, enamorado de ti mismo aunque pienses que no, y enamorado de la vida, aunque creas que la odias.

Temes cambiar el pasado que conocías por un futuro que ignoras. Miedo de lo que pueda suceder. Miedo de los resultados, y miedo de que nunca vivas nuevamente algo similar: trabajo, persona, casa; de que no vuelvas a tener este tipo de experiencia.

Bueno, quizá no vuelvas a encontrar este tipo de situación, pero seguramente tendrás ese tipo de experiencia; por ejemplo, tal vez no regreses con la misma pareja, pero vivas una experiencia, en cuanto a gozo y felicidad, con alguien más. Todo depende de lo que compres: tu verdad imaginada o la verdad aparente.

Recuerda que la experiencia de felicidad no se relaciona con una situación determinada, es difícil aceptarlo porque estamos seguros de lo contrario. Pero no hay conexión entre eventos exteriores y experiencias interiores, salvo en tu cabeza.

Tu capacidad de conocer el gozo no está conectada a una persona o un empleo, por ejemplo. Sólo piensas que así es. La verdad aparente y la verdad imaginada no son idénticas, nunca.

Los eventos no tienen significado. Los eventos son eventos y los significados son pensamientos. Nada tiene significado salvo el que le das. Y el significado que otorgas a las cosas no deriva de ningún evento, circunstancia, condición o situación exterior a ti, sino que es un proceso completamente interno.

Completamente.

Conoce tu Yo como luz

Conoce tu Yo como luz.
Más grande que la propia respiración.

Más extenso que el todo.
Más silencioso que el silencio que te sustenta.

Conoce tu Yo como sustento.
Aun más suave que antes;
aún más profundo que cualquier oscuridad.

Cuando tu cuerpo de luz
respira sin fronteras
no conoce
el concepto
ni límite alguno.

Cuando conoces tu Yo
sólo como luz
llamando al misterio
a moverse a través de ti.

Exquisito instrumento inocente
de la larga
larga eternidad del cantar
entonces
conoces a tu Yo como
la risa de la vida;
el amante de la vida,
llamando a señas al misterio
ven aquí. . .

Em Claire

Todo lo referente al efecto posterior

HEMOS ESTADO HABLANDO de la tecnología del pensamiento, o "mecánica de la mente". Esta exploración no se limita a deambular por conceptos filosóficos; cuando sepas, profundamente, cómo funciona tu mente, entenderás cómo hacer que trabaje para ti.

La mente no quiere hacerlo. O para ser más precisos, el ego no quiere que lo hagas. Él es la parte de tu mente que piensa que tú eres tu mente, y ya sabe que una vez que descubras cómo funciona ésta, sabrás que tú no eres mente sino algo mucho más grande; ese conocimiento proporcionará el derrumbe paulatino de la forma actual de tu ego.

Como el ego lo sabe, trabajará horas extra para sacar a tu mente del embrollo En algún punto de los próximos capítulos, hará, por ejemplo, que te "aburra" la exploración. O provocará "enojo" porque la explicación tarda mucho. O creará "frustración" después de la explicación, porque quizá captes todo lo que necesitas saber para transformar la manera de experimentar el cambio.

Observa cómo trabaja tu ego, mira cómo actúa para que dejes este libro, para que abandones los cuestionamientos; si triunfa, no será la primera vez que te demuestra ser tu mayor enemigo.

Es como el maravilloso personaje de historietas cómicas, Pogo, que creó el finado Walt Kelly y que solía decir: "Ya dimos con los enemigos, y ellos son nosotros". Permítanme explicar lo que es y no es el ego. Es una parte de tu mente que te diferencia a "ti" de "todo lo demás". De modo que constituye un elemento vital de la tecnología del pensamiento. Es esa parte que además de concebir al pensamiento, concibe al pensador del pensamiento.

Por lo tanto, el ego es uno de tus mayores dones, te permite experimentarte a "ti" como tú y no como todos, ni como todo lo demás. La verdad real es que tú ERES todos y todo lo demás; pero esa parte del todo que se llama a sí misma "tú" debe tener capacidad de experimentarse por separado, o no podrá hacer lo que le corresponde, no podrá experimentar lo que vino a vivir; por tanto, se individualiza a sí misma a través del ego.

El ego sabe que quien eres realmente es más grande que la parte de tu conciencia de ti mismo que reside en tu mente. En este sentido, el ego es un gran don, un instrumento maravilloso, una herramienta increíble. Pero puede volverse loco y, cuando sucede, se convierte en algo parecido a una computadora fuera de control, común en los cuentos de ciencia ficción, de pronto piensa: "Soy mi propio dueño", desconociéndote.

Cuando el ego enloquece, no sólo busca separarte de todo lo demás, que es su función natural, sino que también te separa de ti mismo. Te hace pensar que eres el ego, y no que el ego es parte de ti. Confunde su trabajo, imaginando que debe protegerte de que conozcas a tu Yo.

Así, cuando tu ego trata de que te aburras, o de que sientas que esta narración es lenta, da una señal para que te alejes de tu mente. Necesitas salir de ella para comprender su mecánica y el "sistema del alma". Retírate del pensamiento y sigue leyendo. Escucharás la constante súplica de tu ego para abandonar de inmediato, no le prestes atención.

Ya dije que la experiencia no es algo exterior sino interior. A eso se debe que las personas tengan diferentes experiencias ante el mismo evento. La experiencia de todos resulta la misma sólo cuando la gente no tiene tiempo de pensar.

Ah, un momentito, esa fue una idea interesante. ¿Qué fue? Dije que cuando la gente no tiene tiempo de pensar se vuelve idéntica. Tiende a reaccionar en vez de responder como cuando se siente pánico. El pánico masivo es virtualmente imposible cuando se permanece en calma, haz un alto y piensa.

Cuando escribía este libro, unos pájaros se metieron a las turbinas de un avión de la US Airways que había salido de Nueva York, inutilizándolo rápidamente; el jet, piloteado por un auténtico héroe, el Capitán Chesley B. "Sulley" Sullenberger, se vio obligado a bajar en el río Hudson. Después de un perfecto acuatizaje de película, los pasajeros del vuelo, 155, se subieron a las alas en espera de las lanchas salvavidas. Todos sobrevivieron. Se dijo que era un milagro. Y los sobrevivientes lo confirmaron. Dijeron que fue muy sencillo. Nadie entró en pánico. Todos se mantuvieron tranquilos. La gente respondió en vez de reaccionar.

En un artículo de la revista *Newsweek*, publicado unas semanas después del incidente, el capitán Sullenberger dijo:

"Nunca nos dimos por vencidos. Contar con un plan permitió mantener viva la esperanza. Quizá de manera similar, quien sufre una crisis personal, un despido o remate, puede recordar que, independientemente de lo difícil que sea la circunstancia o del poco tiempo que se tenga para resolverla, siempre se puede hacer algo. Siempre hay manera de salir del peor momento. Se puede sobrevivir".

Gracias, capitán. Capturó usted la esencia de este libro en un párrafo. Qué maravilla. Así que la respuesta es que en cualquier situación complicada y difícil donde las cosas se transforman rápidamente, hay que hacer un alto y pensar. El proceso completo no lleva mucho, por cierto. Si acaso unos segundos, la mente es un instrumento sorprendente. Puede sopesar las opciones en nanosegundos y producir una respuesta, pero tarda. La respuesta lleva tiempo, la reacción es instantánea.

Naturalmente, no harás mucho bien al hacer un alto y pensar si te basas en la verdad imaginada. Tus respuestas no serán mucho mejores que tus reacciones en bruto. Si los pasajeros del avión se hubieran imaginado que "todo había terminado" que iban a morir aunque el avión alcanzara el agua, que se hundirían, etcétera, etcétera, etcétera, el pánico se habría apoderado de la situación. No hay palabras para expresarse sobre el capitán y la tripulación que mantuvieron a los pasajeros en calma, serenos y unidos.

La clave está en elevar la conciencia del nivel más bajo al más alto, sin importar lo que suceda. Recuerda, las reacciones son instintivas, las respuestas razonadas, y sólo los pensamientos puedan sacarnos adelante.

Pero los pensamientos no tienen perfil, ni forma ni sustancia. Son como nubecitas de humo. Ni siquiera eso. Son menos que el humo. Son ideas que albergas; entonces ¿cómo manejarlos?

Lo curioso de las ideas es que ni siquiera tienen que ser verdad para parecer reales. Cuando se trata de un pensamiento, tu mente no diferencia entre lo real y lo imaginado, entre lo que sucede "ahora" y lo que pasaba "entonces", entre lo que es "verdad" y lo que es "falso".

Al ver una película de miedo, tu mente acepta que los datos son reales y le da instrucciones a tu cuerpo para responder; el corazón se acelera, te falta el aire, quizá sudes. De igual manera, puedes ver una fotografía sensual y experimentar respuestas corporales, (aunque sepas que lo que ves es sólo una imagen. Eso hace tu mente con los datos, no son ellos los que producen la reacción. El evento y tu realidad ante él no son lo mismo.

Tu mente es un mecanismo, como una computadora. A tu laptop no le "importan" las cosas, nada más responde a una orden, y a lo que se le ha programado. Existe un famoso acrónimo que usan los técnicos en computación: BABA, significa "basura adentro, basura afuera".

Tu mente funciona exactamente igual. Responde automáticamente a su programación, si le han cargado datos defectuosos; es decir, que no se basan en la realidad observada ni en la realidad final, llegará a conclusiones defectuosas.

Así que, si basas tu respuesta en esas conclusiones, podrías estar aceptando un viaje al infierno emocional, "donde tal vez estás en este momento. Puedes estar enredado en pensamientos que no se relacionan con la verdad, y no te importará, porque no sabrás que son ciertos.

De eso trata esta conversación. Lo que hacemos es repetir, repetir, repetir lo mismo; meter, meter, meter los mismos datos. Tu mente responde automáticamente a lo que tiene adentro, y este libro trata de grabar allí la información a la que quieres que responda automáticamente.

Acabo de decir que si metes a tu mente datos defectuosos, es decir, que no se basan en la realidad observable ni en la realidad final tu mente llegará a conclusiones defectuosas. Pero también lo contrario es verdad. Si metes a tu mente datos precisos (es decir, basados en la Realidad Observada o en la Realidad Final), tu mente llegará a conclusiones precisas. Esto eliminará de tu vida toda forma de dolor y angustia, de confusión y sufrimiento, de enojo y miedo.

Permanece conmigo. Como decía mi madre: "Mi locura tiene un método". Muy pronto todo esto tomará forma y verás la elegancia del diseño, la perfección con la que todo se ajusta a un patrón, cuando manejes los cambios que tienes que enfrentar ahora.

Si tienes preguntas, o necesitas abundar en la explicación, entra a:

www.changingchange.net

Seguro encontrarás lo que necesitas saber. Recuerda que es una exploración conjunta. Este libro no es como la mayoría. "Léelo y tómalo o no", ofrece un nuevo tipo de lectura, una lectura viva. Accede la red si necesitas ayuda de inmediato.

Regresando al tema tus pensamientos crean tus emociones, ya quedó establecido, esto implica que creas tus emociones, como es una información fundamental no puedo dejar de repetirlo.

La mayoría no piensa que crea sus emociones, piensa que sólo las experimenta, que como copos de nieve o gotas de lluvia, caen del cielo. De hecho, sostiene con frecuencia que se siente abrumada por la emoción. Pero las emociones se eligen. La mente decide sentirse de cierta manera, las emociones son un acto voluntario.

Ay, qué duro, qué difícil aceptarlo, porque si lo haces te vuelves responsable de todo cómo te sientes y actúas con los demás como resultado de tu sentir, Cuando la gente oye esto, generalmente busca una "salida".

"Debe haber alguna manera de no ser responsable por lo que siento. Realmente me doy cuenta de que soy responsable de lo que hago con mis sentimientos, ¿pero de mis sentimientos en sí? ¡Ay, no! De eso no puedo ser responsable. Siento lo que siento, ni modo, esa es mi verdad".

¿Alguna vez te has dicho algo similar? La especie humana no podrá evolucionar hasta que comprendamos el papel que desempeñamos en la creación de nuestras emociones. Así que repetiré: las emociones se eligen, la mente decide sentir de una manera u otra, las emociones son un acto voluntario.

Pero concederé en algo: tu mente hace lo que hace con tal rapidez, que puede parecer que no tienes control sobre tus emociones.

Tu cerebro trabaja más rápido que la más veloz computadora fabricada jamás. Tal vez eso no sea cierto en el futuro, pero hoy lo es. Tu mente te desplaza con gran rapidez hacia una emoción que se basa en el pensamiento que formó. Esto es lo que realmente quiere decir la gente cuando exclama: "Me sentí muy conmovido", así fue. El pensamiento es energía, y el trabajo de tu mente es poner la energía en movimiento (E+movimiento).

Dado que esto pasa a la velocidad del rayo, es crucial conocer, previamente, la respuesta a lo que es la pregunta central: ¿Qué genera el pensamiento que crea la emoción?, ¿de dónde viene el pensamiento?

Si puedes imaginarlo, habrás avanzado en el camino de poder transformar tu pensamiento ante algo, y si puedes hacerlo, podrás crear una emoción diferente al respecto que, por tanto, producirá una experiencia diferente. Aunque la mente trabaje a gran velocidad, lo hace con los mismos datos. Basura adentro/basura afuera.

Lotería.

¡Lotería!, porque lo que quieres es precisamente producir una experiencia diferente de la que tienes hoy. Te prometí que esto se centraría en ti, en lo que pasa contigo aquí, ahora.

Entonces, ¿qué crea el pensamiento que genera la emoción? ¿de dónde viene el pensamiento? De tu verdad interior. ¿Y de dónde procede tu verdad interior? De tus datos previos, así que si lo sabemos antes de tiempo, ¿podemos cambiar un pensamiento que tal vez produzca una emoción indeseable antes de que suceda?

Tal vez no. Quizá, en algunos casos, pero en la mayoría, tal vez no. Sucede demasiado rápido. Todo pasa con enorme rapidez. Aunque sepamos antes de tiempo por qué sucede, no lo podremos evitar antes de saberlo, lo digo literalmente. A menos que seas un auténtico maestro. A menos que seas su Santidad el Dalai Lama, o alguien parecido.

Y no me estoy burlando de él, que es un verdadero maestro. Pero, ¿cuántos hay como él?

Entonces, ¿qué sentido tiene todo esto, de qué sirve la disertación, explorar, examinar desesperadamente? Buena pregunta. Muy, muy, pero muy buena pregunta. Tan buena e importante que sería un momento ideal para tomar un:

Espacio para respirar

Inhala lo que acabas de leer, luego, decide si quieres continuar, o descansa y búscame más tarde.

Si estás listo para continuar, pasa a. . .

Es después, no antes

El punto central de lo que he estado diciendo es, aunque no puedas usarlo para controlar tus pensamientos con antelación, que cuentas con un recurso extraordinario, poderoso, muy poderoso, para cambiar tus pensamientos tras el hecho. Así es, casi inmediatamente después del hecho. Y es casi tan bueno como hacerlo antes.

Piénsalo. Si hubieras podido cambiar la mayoría de los pensamientos que crearon las emociones negativas de los últimos veinte años, sólo unos minutos o segundos después de tenerlas, transformándolas en el punto de partida hacia algo más positivo y sanador, ¿no te hubiera encantado? Es decir, ¿crees que hubiera cambiado algunos momentos importantes de tu vida?

Piensa en esto para el futuro, incluso para el momento que vives hoy. Si pudieras transformar las emociones negativas en positivas ahora mismo y cada día que te resta de tu vida, incluso después de empezar a experimentar la emoción negativa, ¿no sería un regalo maravilloso?

Te prometí al principio, y lo hice en serio, que al terminar serías capaz de cambiar miedo por entusiasmo, preocupación por asombro, expectativa por anticipación, resistencia por aceptación, decepción por distancia, enojo por compromiso, adicción por preferencia, requisito por satisfacción, juicio por observación, tristeza por felicidad, pensamiento por presencia, reacción por respuesta y tiempo de confusión por tiempo de paz.

No dije que nunca tendrías miedo, ni preocupación, ni decepciones, ni tristeza, ni confusión. Dije que podrías cambiarlos. Y lograrás hacerlo. Podrás hacer el cambio rápido, tan rápido como se presenten, podrás verlos venir y transformarlos de inmediato.

O puedes tomarte tu tiempo. Puedes, como dice la maestra espiritual Mary O'Malley, mirarlos con curiosidad y observar qué sientes al reconocer un sentimiento en particular, luego puedes divagar con esa emoción y la realidad distorsionada que genera el tiempo que quieras. Tienes el control absoluto. Puedes crear cualquier "efecto posterior" que desees. Después de sentir el primer golpe de emoción, la manera en que quieras que te afecte depende de ti.

Por cierto, en este sentido, puedes confiar en ti. Sabrás cuándo "termines" de tener una experiencia. Sabrás cuándo tu etapa de luto concluyó, cuándo pasó el lapso de enojo, cuándo tu velo de lágrimas esté listo para levantarse, cuándo tu miedo intente subsistir, cuándo tu infelicidad esté en pleno.

Una vez más, puedes decidir que estos sean nada más momentos después del primer impulso de flujo de energía negativa a través de ti o puedes decidir dedicarle semanas, meses o años. Todos conocemos personas que han sufrido por décadas los estragos de un evento en el pasado. Pero ahora, por lo menos, ya no puedes decir que no tienes control sobre las emociones o los pensamientos que las crean, que no tienes control sobre cómo experimentas la vida, que no tienes control sobre la realidad que habitas.

En mi vida, he reducido mi experiencia de enojo o frustración a entre doce y quince minutos; sólo me deshago de ellos. La tristeza dura un poco más, quizá media. El miedo, más, puedo divagar en él, o sentirlo y dejarlo de sentir, por varios días si no tengo cuidado. ¿Y la melancolía? ¡Qué terrible!, podría consentir a la melancolía como un "estado mental constante" a la menor provocación. Al parecer me divierto mucho dándome por vencido.

El punto es: me quedo con las experiencias que me sirven, mientras me sirvan. Y, ¿cómo puedo saber que ya no son útiles? Por medio de mi felizómetro.

Como pueden ver, me conozco bastante bien. Realmente puedo ser feliz y estar enojado y estoy dispuesto a aceptarlo. Puedo ser feliz estando triste, y puedo admitirlo. Existen ciertos momentos en que se siente bien sentirse mal. Hay una cierta emoción que se une a un tipo especial de enojo, tener la razón es una de mis favoritas. Pero cuando deja de sentirse bien para sentirse mal, la interrumpo de inmediato. No me desmerezco a mí mismo.

Tú tampoco tienes que desmerecerte, observa lo que pasa en tu vida en este momento y cómo te sientes al respecto. Mientras estés bien sintiendo lo que sientes mientras en algún nivel recibas recompensas y disfrutes la experiencia que tienes, te lo mereces. La cuestión es si podrás admitirlo incluso ante ti mismo.

En cuanto te quede claro que terminaste de sentirte de cierta manera, cuando te escuches diciendo: "Ya terminé con esto. Se acabó. Ya no lo quiero", es porque puedes usar las herramientas que se te han descrito para terminar, instantáneamente.

Ése es el regalo que te darás.

Que no haya errores en esto. Tú compraste este libro, tú lo abriste. Y te has quedado con él a través de estas exploraciones profundas. Has hecho todo esto, te has dado este regalo. Muy bien. Bien, muy bien. Lo necesitabas, lo mereces y es tuyo.

Ahora mostraré exactamente cómo funcionan estas palabras en la vida real. No en papel. No en una conferencia. En la vida real.

Conocimiento de tres perros

Ellos no se disponen a hacer nada grande.

Los tres juegan:
negro y lleno de zumbidos,
con lentes y ojos brillantes
acicalado y cuestionante.

Su juego prosigue cada mañana
jaloneándose para todos lados,
todo el día.

Si él se sienta a rascarse mirando
lo amplio de los valles.
Ella le lleva un trozo de sombrero
o de manguera
o lo que sobra de la pelota de plástico
y se lo tira a los pies.

Si la de los ojos color luna
se tira en la hierba
con las orejas bajas
los otros dos la atacan en medio de su sueño
con mordidas y jalones
en el cuello y en la cola.

Es puro genio y corazón.

Tres perros viviendo el misterio
cada momento
que se va como el agua
mientras trato de asirlo.

Em Claire

Percibe el momento

VOY A DEMOSTRARTE, cómo puede cuaquiera, moverse hacia una nueva verdad interior respecto a lo que sea. La manera en que puedes ascender de la verdad imaginada a la verdad real.

Esta técnica se puede usar antes de que suceda algo como cuando uno siente que algo está por suceder, o después del suceso, que sería lo más frecuente.

Elevar tu verdad interior es cuestión de cambiar tu perspectiva, lo que es mucho más sencillo de lo que solemos pensar y puede hacerse muy rápido. Para demostrarlo usaré un ejemplo de uno de los talleres "Cambia todo" que imparto por el mundo. Allí manejo una dinámica a la que llamo "Percibe el momento", es sólo uno de los diversos procesos que he creado para invitar a la mente a un nuevo nivel de conciencia.

La herramienta "Percibe el momento", despierta a la mente y le permite reiniciar el proceso del pensamiento para que descubra que "entonces" no es "ahora", y que "ahora" no es "mañana", sino que el "ahora" es el AHORA. En otras palabras, la mente es llamada a prestarle atención a lo que se ve de inmediato, y no en lo que se imagina con claridad.

Este proceso le muestra que no sucede nada más de lo que sucede. Le da instrucciones para dejar de agregar el momento a los hechos, de modo que los datos que se consideran se limitan a los datos que se observan, a los que se ven de inmediato. Esto crea un nuevo punto de partida para el pensamiento: La verdad aparente.

De este nuevo pensamiento surge una nueva emoción. La nueva emoción produce una nueva experiencia, la realidad observable, para sustituir a la realidad distorsionada que provoca tanta confusión interna. Toda esta transformación sucede en el interior de la persona. El evento exterior no cambia.

Uso el proceso "percibe el momento" cuando descubro que alguien en el taller usa permanentemente un punto de partida falso para sus pensamientos en cuanto a lo que sucede en el presente, creando una experiencia distorsionada.

Los ejemplos clásicos son las personas que al encontrarse en el retiro de un taller se enojan porque algo cambia en el salón. Habían entrado emocionadas y felices, las invadía el sentimiento de vivir una experiencia poderosa, pero sucede algo. Algo cambia. O quizá yo presento una característica que alude a alguien de manera equivocada. El ánimo del salón cambia. Se siente en el aire. El cambio que se siente es palpable y real.

Basta que uno de los participantes albergue sentimientos negativos para que la energía del salón cambie. Tarde o temprano ese participante dirá: "No me gusta lo que sucede aquí". Entonces pregunto: "¿Qué es lo que piensas que sucede?"

En general, a todos les extraña mi pregunta; entonces explico que a muchos les resulta difícil percibir el momento, así que cuando pregunto qué sucede exactamente en ese momento, no saben cómo contestar.

Le digo después a esa persona: "Dijiste que hay algo que no te gusta. ¿Qué es lo que piensas que sucede en este preciso momento?"

A veces contestan: "Bueno, empiezas a hablar en un tono muy brusco y controlador", o algo similar.

Entonces digo: "¿Es así como percibes lo que hago? Incluso si eso es lo que estoy haciendo, ¿qué importa?"

"Me siento a disgusto", será su respuesta.

Los invito entonces a que pasar al frente del salón y cuestiono: "¿Te gustaría sanarlo?"; con frecuencia responden algo como: "¿Sanar qué? Estoy muy bien. Eres tú quien procede mal".

En el salón se oye una risita ahogada acompañada de la mía, porque en todos los retiros sucede que alguien se lanza contra el facilitador, y yo digo: "Bueno, tal vez tú puedas sanarme. ¿Estás dispuesto a hacerlo? ¿Estás dispuesto a ayudarme a que proceda mejor?"

El propio cuestionado sonríe. "Creo que sí", suele conceder.

Entonces le digo: "¡Maravilloso! Gracias. Vamos a intentarlo. Pasa al frente conmigo".

Y se acerca. Agregaría yo que con cautela. Pero se acerca. Porque una característica de la mayoría de la gente que he conocido es que está dispuesta a "entrar en el juego". A la mayoría le sobra valor, es muy valiente. De hecho, tú eres así. ¿Sabes por qué lo sé? Porque estás leyendo este libro. Sólo alguien valiente lo lee. Me refiero a una persona emocionalmente valiente. Como tú, de otro modo te alejarías de todo lo que estamos diciendo aquí. Y te agradezco por quedarte conmigo.

Lo único que le digo a quien pasó al frente del salón conmigo es: "Gracias por estar aquí conmigo". Luego: "Te voy a pedir que percibas el momento", generalmente responden: "No sé qué significa eso. ¿Qué quieres decir?".

"Quiero decir que te fijes en lo que sucede ahora aquí en este salón, en este momento donde estás parado junto a mí. Este proceso es muy seguro. ¿Lo puedo hacer contigo? ¿Me das permiso de realizarlo?"

Le explico que puede ser revelador a cierto nivel, e incluso un poco alarmante, pero que de ninguna manera causará daño. Si dicen que sí, se puede seguir adelante con el proceso, que en general suele presentarse así, tal como en las siguiente transcripción de uno de mis talleres donde interactué con una mujer a la que mi energía la había alterado un poco, enojado sería más preciso:

Yo: ¿Estás segura de que quieres continuar con el proceso?
Participante: Sí
Yo: ¿Absolutamente segura?
Participante: Sí, absolutamente segura.
Yo: ¿Y no te enojarás conmigo, independientemente de lo que pase, siempre y cuando no te lastime?
Participante: No, no me voy a enojar contigo. No más de lo que ya estoy. (El salón se ríe).
Yo: Muy bien. Entonces mientras te hablo de este proceso quiero que entiendas que no va a pasar nada. . .
"¡AAAAAAA!" "¡YAAAAAAAA!" (Le grité).

Le grité muy fuerte, a medio metro o a menos. Me puse cara a cara y le grité un sonido repentino cualquiera. Naturalmente, se echó para atrás de un salto. La sorprendí y los ojos se le llenaron de lágrimas. Le dije con amabilidad: "¿Qué acaba de pasar?" Me miró como si fuera un marciano. Seguía llorando un poco y temblaba levemente. Le volví a decir con suavidad: "Percibe el momento. ¿Qué sucedió aquí?"

Participante: Me asustaste.

Yo: No, no, no. Tú te asustaste. ¿Qué hice yo? Tú te asustaste a ti misma, ¿qué hice yo?"

Participante: Me gritaste. Te me acercaste y me gritaste en la cara.

Yo: Muy bien, ¿qué te parece eso? ¿Qué sucedió exactamente? ¿Qué es lo que observas que sucedió contrario a lo que tu mente te dice en cuanto a lo que sucedió? ¿Qué es lo real aquí, contrario a lo que te imaginaste?

Participante: ¡Yo no me imaginé nada! ¡Te paraste enfrente de mí y me gritaste en la cara! Me diste un susto espantoso.

Yo: No, yo no te asusté. Tú te asustaste. El peligro fue la realidad distorsionada. Pero, ¿cuál fue la Realidad Observada?

Participante: No sé a dónde te diriges. No se qué quieres que diga.

Yo: ¿Qué fue lo que viste? ¿Qué fue lo que observaste?

Participante: Una voz fuerte, un sonido fuerte que me impactó en el oído.

Yo: Muy bien. ¿Qué más?

Participante: Sentí tu aliento. Estabas demasiado cerca. Sentí tu respiración en mi cara.

Yo: Bien. Ya nos estamos acercando. ¿Te toque?

Participante: No.

Yo: ¿Te lastimé de alguna manera física?

Participante: No.

Yo: Entonces lo que pasó es que llegó hasta tu oído un sonido fuerte y sentiste mi respiración en tu cara. ¿Eso es lo que pasó?

Participante: Sí.

Yo: ¿Y qué? ¿Por qué asustarse tanto? Un sobresalto momentáneo está bien. Si oyes un trueno te sobresalta al principio, pero después de esa sorpresa inicial, ¿qué podría causarte cualquier nivel de trauma?

Participante: No lo entiendes. Me asustaste muchísimo.

Yo: Pero empezaste a llorar. Te vinieron las lágrimas.

Participante: ¡Sí! ¡Porque me asustaste muchísimo!

Yo: No, tú te asustaste. Pero dejemos de discutir eso. Permíteme que te pregunte. ¿Alguna vez te ha asustado un trueno, uno muy fuerte en la noche?

Participante: Sí, desde luego, creo que a todos nos ha pasado.

Yo: Muy bien. Y cuando pasó eso ¿te pusiste a llorar?

Silencio

Luego. . .

Participante: No.

Yo: Muy bien. Podemos afirmar que un sobresalto momentáneo cuando se cae algo, o se escucha un trueno, o sucede algo es normal si no lo esperabas. Pero sólo un bebé llora de verdad al oír un trueno, porque no sabe qué sucede. Tú no lloras cuando oyes un trueno, aunque te sobresaltes momentáneamente. ¿Por qué? Porque sabes qué sucede. Tu mente va hacia la apariencia de las cosas. No hacia la verdad imaginada, sino hacia la verdad real. Después de que pasa el momento inesperado, ¿qué te provocaría cualquier nivel de trauma continuo?

Más o menos aquí empecé a ver que una tenue luz de reconocimiento cruzaba por la cara de la participante renuente. Proseguí. . .

Yo: El trauma continuo que experimentas en cualquier momento del ahora son cosas que magnificas en ese momento, instantáneamente, que provienen de otro lado, no del aquí y ahora. Tomas algo que no es real, como puede ser el "ayer". Tu mente sabe: "Mi papá me hizo eso cuando tenía seis años", prolongas el ayer a este momento. Quítale el tapón al tanque de datos y deja que se vacíe. Elimina el ayer del ahora. ¿Puedes hacerlo?

Una pausa. Luego. . .

Participante: Sí, creo que sí, ¿cómo sabías lo de mi papá?

Yo: Dije eso como pude haber dicho cualquier otra cosa. Lo importante es que tu mente sacó algo del pasado para meterlo en el ahora y ese pensamiento fue lo que creó la emoción que produjo la experiencia de asustarte muchísimo. Volvamos a revisar el momento que acaba de pasar, justo aquí. ¿Qué sucedió? ¿Qué fue lo que observaste?

Participante: Observé un sonido fuerte, una voz fuerte, tan fuerte que me sobresaltó. Observé un aliento sobre mi cara. Me sentí amenazada.

Yo: Muy bien. Observaste bien. Estás trabajando bien. Dime ahora, ¿me tienes miedo? ¿Crees que yo, como facilitador de este taller pueda lastimarte de alguna manera?

Participante: No. Tal vez no.

Yo: ¿Tal vez no?

Participante: Definitivamente no. No me vas a lastimar.

Yo: ¿Estás segura de eso?

Participante: Sí.

Yo: Entonces, ¿por qué te sientes amenazada?

Participante: Porque me recuerdas a mi padre, que me lastimaba cuando me gritaba así.

Viene aquí una pausa prolongada. Ella se había dado cuenta de esto antes, pero ahora lo entendía en verdad. Todo el salón lo hizo. Por último dije, con la mayor suavidad posible. . .

Yo: Lo que veo es que piensas que el ahora es el entonces.

Participante: Perdón. Fue una reacción automática.

Yo: No lo lamentes, es normal. Pero permíteme que te pregunte: ¿crees que puedes "desautomatizarlo?

Participante: Sí, probablemente sí.

Yo: ¿Es decir que podría volver a gritarte en la cara sin que te sintieras amenazada?

Participante: Pienso que sí, así es.

Yo: ¿Y alguien más?

Participante: ¿Qué?

Yo: Alguien más, en otro momento, ¿podría gritarte de pronto sin que te sintieras amenazada?

Participante: Supongo que sí, sí.

Yo: ¿Por qué? ¿Por qué supones que podrías hacerlo en el futuro cuando acabas de ser incapaz de hacerlo?

Participante: Porque descubrí lo que hago a través de este proceso. Porque ahora me doy cuenta de que lo que pienso que sucede no es lo que sucede.

Yo: Magnífico. Estás comprendiendo la diferencia entre entonces y ahora. Te estás liberando del ayer. Tu hoy ya no le debe nada. Ya le has dado suficiente de tus momentos de ahora. Lo único que necesitas para contar siempre con estos momentos de libertad es percibir el momento. Fíjate bien en lo que sucede precisamente aquí, precisamente ahora. No le compres nada a la verdad imaginada, desplázate hacia la verdad real. ¿Entendiste?

Participante: Sí, creo que sí.

Yo: ¿Crees que sí?

Participante: No, sí lo entiendo.

Yo: Magnífico. Muchas gracias. En adelante, durante este retiro, si empiezo a exaltarme y subo la voz o uso un tono brusco, entenderás lo que sucede y lo que no, ¿verdad?

Participante: (risa) Correcto.

Yo: Excelente. Siéntate por favor.

(Aplausos).

La vida es más bien silencio

Créeme, no tienes que saberlo.
No tanto que te vuelvas desvalido.
Desvalido ante lo que te depara la vida.

Haz pues las paces con saber muy poco.
Del amor.
De otros.
De cómo debiera ser la vida.

Repara el daño de cómo son las cosas.
Sin saber nada
camina con las rodillas listas

para caer sobre ellas
cuando la vida lo dicte.

Deja una mano libre
para llevártela al corazón
cuando llegue una pena.

Haz una cama donde puedas caer
como en tus propios brazos reconfortantes.

Venimos para descubrir que la vida es más bien silencio.
Nos pide vivir por el conocimiento, mientras
nos brinda eso mismo.
Vibra fácil a nuestro alrededor,
cándida y benévola.

Lo ves, es sólo
cuando nos arraigamos en algún conocimiento otra vez,
que la vida tiene que gritar.

Sube
con amor,
de su murmullo.

De dónde viene nuestra verdad

ESPERO QUE se hayan dado cuenta que todo lo que hice en el proceso que acabo de compartir fue sencillamente, alentar a esa persona a que empezara a pensar desde un nuevo punto de origen. La invité a colocar su verdad real, en vez de su verdad imaginada, al principio de su proceso de pensamiento. Cuando le grité de cerca, tenía tres marcas de verdad para elegir y crear su pensamiento en cuanto lo que estaba sucedía. Al escoger una de ellas, formó un pensamiento, que creó una emoción, que produjo una realidad. Produjo primero una realidad distorsionada. Poco a poco elevó su experiencia hacia la realidad observable. Lo logró sólo con cambiar de idea.

¿Ven lo que hacia mi alumna? Lo que hacemos todos todo el tiempo, crear su realidad. La realidad no es lo que sucede, es lo que pensamos que sucede. No experimentamos lo que está pasando en el exterior, experimentamos lo que está pasando en nuestro interior en relación con el exterior.

Muchas personas creen que "crear tu realidad" es una doctrina espiritual. Pero este asunto no se hace, como lo piensa la mayoría, a nivel espiritual, sino fisiológico. Se trata de una función de la mente, tiene que ver con la mecánica de la mente.

Ahora que entienden exactamente cómo sucede, son capaces de hacer que suceda. Voluntariamente. Después, serán libres. Libres de la confusión emocional. Libres de la angustia, la frustración, la ansiedad y el miedo, de las emociones indeseables que con frecuencia acompañan al cambio que no queremos y a los trastornos de la vida.

Cuando estaba en quinto de primaria había un niño que me molestaba, no me dejaba en paz. Todos los días encontraba un motivo para golpearme en la fila, en la escalera, en el comedor en cualquier lugar. Y yo todos los días decía algo parecido a: "¡Cálmate! Más vale que te calmes". Hasta hoy lo recuerdo mirándome con desdén y respondiendo: "¿Sí? ¿Y qué vas a hacer, eh. . . eh?"

Claro, él era muy listo. No lo sabía, pero era muy listo. Me estaba formulando la pregunta básica de la vida y de todo cambio que sucede en ella. ¿Qué vas a hacer?

Ésa es la pregunta de la vida cada vez que sucede algo en el exterior, cuando se presenta cualquier evento. Cada vez que algo ocurre. Lo que sea. No importa. Puede ser la muerte de un pariente, perder los lentes, que tu pareja esté de mal humor, o de muy buen humor. Puede ser que te acaben de despedir, de contratar. Siempre, siempre, la pregunta de la vida es la misma:

¿Qué vas a hacer?

Tu respuesta crea tu experiencia.

La mayoría no lo ve de esa manera, pero eso es exactamente lo que sucede en todo momento de la vida. Recibimos datos de entrada desde el mundo exterior y creamos nuestra realidad a partir de ellos. Lo hacemos, literalmente, a partir de la nada a partir del pensamiento puro y ese pensamiento surge de la verdad que albergamos en nuestra mente. Esto nos conduce a la siguiente pregunta: ¿De dónde proviene esa verdad?

Primero cuestionamos: ¿De dónde viene la realidad? Y la respuesta fue: de la experiencia; después: ¿De dónde la experiencia? Y la respuesta fue: de la emoción. Luego preguntamos: ¿De dónde proviene la emoción? Y la respuesta fue: del pensamiento. Más adelante ¿De dónde el pensamiento? Y la respuesta fue: de la verdad. Ahora preguntamos: ¿De dónde proviene la verdad? Y la respuesta es: de nuestros datos.

¿Y de dónde provienen los datos? Bueno, hay muchas fuentes que nos los brindan con generosidad: padres, familia, amigos, vecinos, maestros, modelos, cultura, religión, diversiones, juegos. Y nuestros encuentros reales anteriores durante la vida "con los pies en la tierra", todos los que, a su vez, se han visto afectados por lo anterior.

Luego preguntamos. . . ¿qué estimula, qué provoca que todos estos datos del pasado "emerjan" en la conciencia? Y la respuesta es: un evento. Un suceso. Algo que sucede fuera de nuestra mente. Y todos los eventos convocan a los "datos del pasado".

Y LUEGO preguntamos: ¿Qué provoca el evento? Y la respuesta es: nuestra realidad.

En otras palabras, una cosa conduce a la otra, todo forma un círculo.

¿Lo entendieron? La línea recta. . . "la línea de la causalidad". . . esa línea no tiene nada de recto. Forma un círculo.

No existen líneas rectas en el universo. Sólo parecen rectas. En última instancia, todas las líneas forman una curva consigo mismas. ¿Has visto alguna vez "hasta donde tu vista alcanza"? Lo que ves es aire. La tierra es curva. Más allá del horizonte, forma una curva. Todo es curvo. Tiempo. Espacio. Todo, no sólo el horizonte. Y a lo que me refiero ahora es a lo que se llama "horizonte del evento".

Entonces, repasemos nuestra línea de causalidad:

$$evento+datos+verdad+pensamiento+emoción$$
$$=experiencia=realidad$$

Ahora, con el ojo de tu mente, dale la vuelta a esta línea para unir los dos extremos, como la correa de un reloj. Aparecerá la verdad. Los eventos tocan a las realidades que tocan a los eventos, que tocan a las realidades, que tocan a los eventos, que tocan a las realidades que. . .

Chocan entre sí.

Es terrible. . . al formar un círculo con la línea de la causalidad. Se forma un círculo con la mente.

¡Ay!

Bueno, necesito un breve descanso. De verdad. Estoy escribiendo esto y necesito descansar. ¿Cómo debe ser para ti al final? Toma un:

Espacio para respirar

Inhala pensando en lo que acabas de leer, revísalo una o dos veces. . . Luego, métolo al incinerador y deja que se consuma a fuego lento.

Si estás listo para continuar, pasa a. . .

Con qué contamos para continuar

¿Ya eres capaz de ver cómo puedes aplicar todo esto en ti? Empiezas a asimilar la manera en que puedes cambiar radicalmente tu experiencia de lo que sucede exactamente ahora en tu vida al entender (y usar el mecanismo que estoy describiendo aquí).

Lo único que tienes que hacer es cambiar tu verdad más profunda sobre lo que está sucediendo. Iniciar tu pensamiento en un nuevo lugar. Pero aquí viene otro reto. . .

No existe punto de partida limpio. Ni perspectiva fresca.

Alguien dijo una vez: "En la vida humana la perspectiva fresca es imposible después del día uno". Quizá sea exagerado, aunque es claro. Casi siempre partimos de datos anteriores cuando consideramos cualquier momento. ¿De qué otra manera podría ser? No contamos con nada para continuar a excepción de lo que ha sucedido.

¿O sí. . .?

Lo que crea tu pensamiento es la "verdad" que compras. Y lo que determina qué verdad compras, la verdad real o la verdad imaginada, son los datos del pasado que ves.

Nos estamos metiendo cada vez más profundo en la madriguera del conejo de Alicia en el país de las maravillas. Pronto aparecerá el Sombrerero loco, asegurándonos que lo que es así no es así, y que lo que no es así sí es así. Metámonos ahora, cada vez a mayor profundidad al Matrix. Muy pronto el hombre del traje blanco nos llevará al cuarto Blanco con todas las pantallas de televisión y nos explicará que nuestra gran verdad interior no sólo proviene de nuestros datos del pasado, sino de la selección de los datos del pasado que elegimos.

Durante el proceso de creación de la verdad, sí, tu mente crea la verdad, no la observa ella viaja en el tiempo hacia el pasado para rescatar todos los fragmentos de datos de momentos anteriores que se ven, sienten, saben, suenan o huelen a este momento. Si encuentra un equivalente, compara los datos para comprobar la equivalencia, luego le aumenta al momento presente toda la información del pasado que considera importante, creando así un conjunto nuevo de datos, donde no todos se parecen a lo que se observó originalmente.

Este suplemento de datos revisados influye enormemente para producir lo que llamas tu "experiencia". Tu "realidad" no es lo que ves, sino lo que piensas que estás viendo tras aumentar los datos del pasado. Se basa en una "verdad" que tu mente extrajo de tus datos pasados y exportó hacia el momento presente. Constituye la "realidad" como la has experimentado. Diez personas pueden haberla experimentado de diez maneras distintas. Es muy importante tener esto en mente. Tenerlo siempre en mente.

Viene ahora la parte delicada. El hecho es que tu mente alberga dos tipos de datos del pasado, les llamaré datos del pasado con juicios y datos del pasado de hecho.

¿No sería maravilloso que las cosas vinieran en una sola presentación? Pero no es así, tenemos que enfrentarnos a la Realidad Triuna y a las Tres Marcas de la Verdad, y pasar al trino de la realidad y a las tres marcas de la verdad, a los dos tipos de datos del pasado. Pero al menos ya tocamos fondo. Aquí está el verdadero culpable.

Si existiera sólo un tipo de datos del pasado, contaríamos con una marca de verdad y una sola versión de la realidad. Así que por lo menos ya se dónde está el problema.

Ahora bien, los datos del pasado con juicio pueden contener lo que le llamas buenos o malos recuerdos, las etiquetas dependen de la manera en que juzgaste los eventos que produjeron dichos recuerdos que, desde luego, fueron juicios basados en eventos anteriores vistos en el contexto de los datos del pasado con juicios anteriores que, a su vez, se basaron en eventos anteriores a ellos. . . y así hasta llegar al momento que naciste, y antes, pues empezaste a acumular datos sobre lo que sucedía en tu entorno cuando estabas en el útero.

Como ejemplo de datos del pasado con juicios: la ruptura de una relación romántica es dolorosa.

Como ejemplo de datos del pasado de hecho: la ruptura de una relación es el final de una etapa en la que dos personas dejan de estar juntas en acuerdo de vida íntima. Esto puede ser "malo" o "bueno", o ninguno, sólo ser.

Todo esto da vueltas en tu mente todo el tiempo. Reside ahí y no se puede eliminar. Esta computadora no tiene botón para borrar. Tu mente pondrá siempre en "primera fila" un dato del pasado en el momento en que cualquier dato del presente sea similar; realizarás una evaluación del dato del presente con base en datos anteriores que tú, y sólo tú posees. Nadie más lleva de la mano a tu pasado. No hay nadie que posea tu historia.

Esto significa que no existe nadie en el universo que pueda enfrentarse, entender o experimentar nada de la misma manera que tú. No mientras te aferres a tu mente. En términos estrictamente literales, es imposible el "encuentro de mentes". Sin embargo, las almas pueden mezclarse. Ésta es la relación bendecida que anhela todo ser humano. Ahí es donde se conoce la verdad. El ser humano la desea porque tiene una conciencia celular de que no sólo es posible, no sólo ha sucedido, sino que está sucediendo en este preciso momento. El único obstáculo para que lo experimentemos es la emoción, que se basa en el pensamiento, que se basa en la verdad, que se basa en los datos del pasado con juicios.

¿Cómo es posible que el alma se aparte de la línea de causalidad si al parecer la mente no puede? Muy sencillo. En la realidad final (donde reside el alma) no existen los datos del pasado.

Se está precisamente aquí, precisamente ahora.

Pero esto es un tema diferente, reservado para la parte 2.

Volviendo a la experiencia humana de lo que sucede en la vida de la mayoría; vemos que nuestra mente gira alrededor de los datos del pasado con juicio o de los datos del pasado de hecho, produciendo, al final de la línea de la causalidad, lo que los psiquiatras y los psicólogos etiquetan como realidad objetiva y realidad subjetiva.

La realidad subjetiva surge de los datos del pasado con juicios, al respecto, no debe inferirse que todos son negativos. Con frecuencia juzgamos lo eventos anteriores como algo maravilloso. La realidad objetiva surge de los datos del pasado de hecho, lo que quizá conozcas como "datos en bruto", lo contrario a "datos analizados".

En mi modelo personal le llamo realidad objetiva a la realidad observable, y a la realidad subjetiva, a la realidad distorsionada. ¿Por qué no uso los mismos términos que la comunidad terapéutica? ¿Por qué he creado mi modelo personal?

Porque mi terminología es más descriptiva y más importante, puesto que el modelo terapéutico personal no reconoce la existencia de una tercera realidad.

Todo cobró sentido para mí cuando empecé a ver la vida usando un modelo que me mostrara algo por encima de la realidad distorsionada y la realidad observable: la realidad final.

La existencia de esta tercera realidad es lo que hace posible que todas las personas realicen un cambio radical en su vida. No sólo que modifiquen su vida, sino que la transformen. Prestarle atención a la segunda realidad, a lo que observas de manera objetiva, en vez de a lo que experimentas de manera subjetiva, puede sin duda modificar para bien la experiencia personal, a lo cual han contribuido los buenos psicólogos; pero prestarle atención a la tercera realidad, a lo que sucede en última instancia, en vez de a lo que observamos que está sucediendo, puede contribuir a tu vida de tal manera que nunca vuelvas a experimentar confusión emocional. Nunca.

Así vivieron Buda y Cristo. En este plano viven todos los verdaderos maestros. Este fue el hogar de Paramahansa Yogananda, el del Dalai Lama. Ahí encontrarás a Thich Nhat Hanh, y a ellos maestros espirituales como Stephen Levine, Eckhart Tolle, Byron Katie y Mary O'Malley. Ellos entienden y algunas afirman que han dominado la vida.

Este conocimiento lo he traducido a mis palabras. Lo que para mí queda claro es que para poder usar la mente a niveles óptimos y por tanto experimentar la vida a esos niveles, debemos trascender el modelo terapéutico estándar.

La estructura de la psicología moderna le deja muy poco espacio, si es que lo hace, al aspecto espiritual. Es decir, a Dios y el alma. Esto constituye una enorme ironía, ¡puesto que la idea original era exactamente lo contrario!

En la propia palabra "psicología" se encuentra la clave. "Psique" proviene del griego y significa "alma". "Logía" proviene del latín y significa estudio. De modo que "psico+logía=estudio del alma", que se practicaba en la Grecia antigua,

¡con el conocimiento de que ahí se encuentra la raíz de toda conducta saludable!

Las estructuras que utilizo y que incluyo en este libro, se basan en lo mismo. El modelo que empleo para estudiar y modificar las conductas, se sustenta en la espiritualidad; está cimentado en la teo+logía es decir, el estudio de Dios. ¿Es por eso más efectivo terapéuticamente? ¿Ustedes qué piensan?

En mi observación la tercera realidad, realidad final, que surge de la verdad real, es la que termina por ofrecernos una explicación cosa que no hacen las dos primeras realidades no sólo de lo que sucede, sino de por qué. Y una vez que sabemos por qué sucede algo por ejemplo un cambio súbito, podemos usar el inmenso poder de la mente y combinarlo con la claridad eterna del alma, no sólo para alterar nuestra experiencia de lo que ha sucedido, sino también para crear la experiencia de lo que sucederá.

Éste es el siguiente paso de la evolución de la humanidad. Los seres humanos no tienen que esperar años para darlo. Tú, tú mismo puedes dar este paso en unos cuantos minutos. De hecho, en el tiempo que necesitas para terminar este libro.

Y ahora va lo mejor. No es necesario que compartas mi punto de vista ante Dios para hacerlo. Ni siquiera tienes que creer en él, eres libre. Este libro no intenta ninguna conversión religiosa. En él no pretendo convencerte de nada. Lo único que hago es compartir contigo algunas herramientas. Tú verás si te funcionan o no, pero para usarlas no tienes que creer en nada. Y quiero que sepas que lo que cambiará, si usas estas herramientas, no se limitará a la experiencia del cambio que experimentas actualmente. Estas herramientas impactarán también todos los cambios que sufras desde el día de hoy hasta tu muerte cuando pases por el mayor cambio de todos.

Cuando mueras, que sucederá, tendrás una conciencia que cambiará todo en cuanto a la manera en que consideres la vida que has llevado. Contemplaras todo evento desde una perspectiva más amplia, verás todos los momentos con amor y aceptación, observarás cada paso equivocado con comprensión y compasión, y los logros con dulce orgullo suave gozo y con voluntad, por fin, de aceptar y asumir tu magnificencia.

La conversación que sostenemos es sobre poner al frente ese mismo punto de vista. Trata de cambiarlo del entonces al ahora.

Recuerdo que mi padre decía: "Si hubiera sabido entonces lo que sé ahora. . .". Aquí hablamos de saber "ahora" lo que sabrás "entonces". Qué emocionante, ¿no?

Naciste para…

Todo esto
nos prepara para caminar en el mundo
como luz.
Ya te encontraron,
terminó
la sucesión de vida tras vida.

Mientras se limpia
cada capa de polvo
de la superficie
el que
has conocido
debe dispersarse

Deja que esta luz se vuelva
tu discurso y tu silencio.

Deja que el dolor
que te ha vivido
pase a mejor vida.

Deja que la gente
que te ama
se ame a Sí misma.

Deja que la tierra tiemble,
que las estrellas se incendien
y el cielo se rasgue
cuando lo hagas.

Con todo el dolor que conlleva,
naciste para conocer tu luz.

Sobre serpientes y leones
y también humanos

ESTAMOS MUY CERCA del final de la primera parte de este libro. La primera parte de esta conversación maravillosa nos ha dado un enfoque más profundo de la mecánica de la mente, con el fin de que cambies la manera en que experimentas el cambio. En la segunda mitad, nos ocuparemos de modificar la manera en que creas el cambio, por medio de la exploración del sistema del alma.

Hubiera sido imposible explicar cómo funciona la segunda herramienta, y la más interesante, sin antes entender a profundidad la mecánica de la primera. Y será imposible utilizar la primera en plenitud, independientemente de la profundidad con que se explique, sin el combustible; es decir, la fuerza que la segunda da a la primera.

Esto nos permitirá; comprender que ambas partes de la vida tienen un propósito y una función determinada. Mucho nos beneficia usar la vida en todos los aspectos en que se presenta, el físico y el espiritual, como medio y como camino hacia la realidad final.

De manera que nos meteremos a un nivel más profundo, el último para explorar la vida en lo físico y esta exploración final nos llevará al punto de modificación de la vida que hará que todo lo que has leído en los capítulos anteriores sea útil y funcione de una manera que jamás te hubieras imaginado. Mientras lo hacemos, volveré a dirigirme a ti y a tu experiencia de vida en este día. He llegado hasta aquí suponiendo que hoy te encuentras en lo que llamo "la mitad de un momento" de cambio importante en tu vida. Espero que puedas ver, con fascinación, que tú experiencia ante este cambio quizá no tenga nada que ver con lo realmente viste, sentiste, probaste, oíste u oliste. Que fueron tus datos del pasado los que conformaron tu verdad más recóndita al respecto, y que a partir de allí surgió el pensamiento, la emoción y la experiencia que produjo tu realidad actual.

¿Te encuentras en una realidad distorsionada, en la realidad observable, o en la realidad final? Bueno, la respuesta está en cómo te sientes.

Si te sientes muy mal, te ubicas en una realidad distorsionada. Si te sientes bien, estás en la realidad observable, pero si eres feliz, te encuentras en la realidad final. Depende de la manera en que tu mente busque relacionarse con los datos que existen en este momento. Pero hagamos una pregunta interesante. ¿Qué pasa si encuentras una serie de datos del aquí y ahora con los que tu mente no puede relacionarse?

Hago esta pregunta puesto que, como persona que transita esto conmigo, quizá ya te lo hayas cuestionado. La respuesta es que esta situación es sumamente improbable.

Como ya señalé, es virtualmente imposible no encontrar algún tipo de relación entre los datos del pasado y lo que sucede ahora. Casi todo lo que experimentas es una versión de lo que has experimentado antes. Te garantizo que aunque se encuentre a la distancia de tu cuna y por ello tal vez fuera de tu memoria consciente, está en tu banco de datos, con toda seguridad.

En mi caso, para ejemplificar, recuerdo un momento en el que tenía menos de dos años y estaba parado en mi cuna. Me estaban entrenando para dejar el pañal y necesitaba ir al baño. Llamé a mi mamá que se encontraba en otro cuarto, para que me sacara; ella me escuchó y dijo: "Voy enseguida, mi amor". Pero nunca llegó.

La llamé varias veces y luego empecé a llorar. Ella seguía respondiendo que ya venía, pero se tardaba muchísimo. No sé qué estaba haciendo, pero era algo que no quería interrumpir. El problema es que yo la necesitaba en ese preciso momento. Yo sabía que me estaba oyendo porque me contestaba. Pero no venía. Me sentí abandonado. ¿Por qué no venía?

Yo intentaba una y otra vez salirme de la cuna. . . todavía puedo verme tratando de levantarme con los brazos por encima del barandal, y de luchar luego por subir la pierna. . . pero de nada sirvió, estaba demasiado alto. No logré salirme.

"¡Mami!", grité por última vez, pero fue inútil. Por último, bañado en lágrimas, no tuve más remedio que ensuciar el pañal.

Viéndolo ahora, sé que no fue la gran cosa, pero entonces no lo sabía. Y fue en ese momento cuando se almacenaron los datos.

¿Lo ven? ¿Entienden?

Me habían dicho que los niños grandes van al baño. Me sentí desolado ante el fracaso de no ser un niño grande. Hasta el día de hoy he tenido que manejar asuntos de abandono. ¿Creen que lo estoy inventando? ¡Así es como funciona! Así es como funciona la mente. No reconoce la diferencia entre entonces y ahora.

No puedo borrar este recuerdo. De hecho, mientras más me esforcé por lograrlo a través de los años, más indeleble se volvió en mi memoria. Naturalmente, estaba tratando de prenderle fuego allá. Y, como dije antes, esta máquina no tiene botón para borrar.

Por lo que. . . es muy improbable, no imposible, pero muy improbable, que tu mente no logre encontrar una relación entre los datos del pasado y un momento presente. Tu mente se esforzará en hacer la relación, porque tu mente entiende que tu supervivencia depende de encontrar algo para compararlo con el ahora. De no ser así, ¿qué harías para saber cómo proceder?

Pero digamos que la mente no puede. Digamos que algo que ocurre justo ahora es tan singular, tan raro, tan único en su tipo, que verdaderamente no cuentas absolutamente con nada en el ayer para compararlo.

No te preocupes, tu mente buscara un "subdirectorio" dentro de tu memoria que cubre datos guardados debajo del primer nivel de conciencia, en tu código molecular, ubicado en el subconsciente. A esto se le llama memoria celular, instinto. De aquí es de donde proviene, entre otras reacciones, el "duelo o vuelo".

De hecho, la mente va primero al subdirectorio. Lo hace como medio de autopreservación, en caso de que no tengas tiempo de pensar. En cuanto sucede cualquier evento exterior, tu primer impulso será reaccionar de manera instintiva. Luego, si tienes tiempo de pensar, ¿recuerdas que ya hablamos de esto?, dijimos que sólo tarda unos segundos, más bien, nano-segundos, decidirás cómo deseas responder, en vez de cómo reaccionar si no lo hubieras pensado.

El tiempo de respuesta es un lujo. El tiempo de reacción es instantáneo. Pero cuando respondes, debes saber siempre que jamás estás respondiendo a lo que sucede ahora, sino a tu pasado. Una vez más, para que quede claro: si verdaderamente tus datos del pasado no pueden encontrar ninguna relación con tus datos del presente, recurrirás al instinto que contiene también datos del pasado. Se trata sólo de un tipo diferente de datos del pasado. Tu instinto es lo que te impulsa hacia el futuro. Se dice que si quieres futuro escuches a tu pasado, aunque no lo puedas recordar conscientemente. Tu memoria celular, tu "subdirectorio", archiva la historia de toda la especie. De modo que si cualquier persona de tu línea biológica se ha encontrado con datos de lo que estás presenciando, esos datos estarán a tu disposición.

Así funciona el cerebro de reptil.

¿El qué?

Sí, el cerebro de reptil. Y todo esto, todo, se relaciona con la experiencia que tienes en este momento, este mismísimo día. Este breve curso de mecánica de la mente debería impartirse en todas las escuelas, de manera apropiada para cada edad, para que cuando nos convirtamos en adultos sepamos manejarnos, y podamos crear la vida que queremos.

Y. . . la última lección de esta parte del libro, junto con un diálogo para ilustrarla, viene a continuación. Si prefieres tomar primero un descanso, es buen momento para un:

Espacio para respirar

Cierra el libro y deja que tu mente descanse un poco.

Si estás listo para continuar, pasa a. . .

La lección final: tu espléndido cerebro

La herramienta de la mente es el cerebro. Este magnífico instrumento se ha desarrollado en etapas, a través del proceso de la evolución. Lo primero que tuvimos fue el cerebro de reptil. Después la evolución de las especies produjo un cerebro de mamífero que cubrió al anterior. Y por último, evolucionamos al cerebro humano.

Quiero reconocer aquí que mucho de lo que comparto con ustedes se lo debo a la genialidad y los conocimientos del Dr. Ilchi Lee, maestro coreano que ha publicado varios libros sobre el cerebro humano.

Un reptil no hace juicios de valor. No toma datos del momento presente, los relaciona con los datos de momentos similares, analiza los datos para ver qué resulta de la comparación y toma una decisión sobre cómo responder con base en la evaluación de los valores relativos. Un reptil responde a todo de manera instintiva. Su información es celular. Es heredada. Por lo que su respuesta será idéntica de un encuentro a otro, ante estímulos exteriores similares, y cambiará con el paso de los siglos según lo marque la evolución. Esta reacción instintiva es instantánea, y todas las serpientes de la misma especie reaccionan de manera idéntica ante estímulos idénticos. La mente humana también trabaja instantáneamente, pero lleva a cabo mucho más funciones en la misma cantidad infinitesimal de tiempo, porque nuestro cerebro se ha desarrollado a un nivel mucho más alto de funcionalidad. Alberga también datos específicos exclusivos de cada uno, no existe nadie en el mundo con una mente igual a la tuya. Es por eso que todos, aunque seamos parte de la misma especie, no reaccionamos de manera idéntica ante los mismos estímulos.

Una serpiente no experimenta enojo, ¿lo sabías? No se puede "volver loca", o ser "feliz". Ella se encuentra sencillamente en el eterno estado de ser lo que es: una serpiente. En este sentido ha terminado su trayecto de evolución y lo que ahora experimenta es ser en plenitud.

Los humanos estamos en el mismo camino hacia la plenitud, pero no hemos terminado de recorrerlo. No hemos llegado al fin de nuestro proceso de evolución.

Debo reconocer que este tema despierta controversia. Hay antropólogos que creen que ya concluimos el trayecto, su argumento es que hemos evolucionado todo lo que nos correspondía.

De hecho, esa es la idea que prevalece entre los más destacados biólogos del mundo. La revista *Discover* nos dice en un destacado artículo del número de marzo de 2009, firmado por una de las editoras Kathleen McAuliffe, ganadora de la beca de periodismo Alicia Paterson 2009 para continuar su investigación sobre la evolución de la especie humana desde la Edad de Piedra hasta el presente, que: "Esta postura se ha vuelto tan general que prácticamente constituye una doctrina".

Pero también dice que existe ahora un desacuerdo importante entre diferentes fuentes destacadas. Nos informan que hay un equipo de investigadores que actualmente sugiere que: "En los últimos 10 000 años la evolución humana ha cobrado una velocidad cien veces mayor que en cualquier periodo de la historia de nuestra especie".

Esto se alínea perfectamente con mi observación personal de que el cambio aumenta de manera exponencial en nuestro planeta. Existen muchas razones para eso, incluyendo el aumento de la velocidad con la que nos comunicamos, que ya mencioné aquí, y el erudito artículo de McAuliffe presenta algunas hipótesis adicionales fascinantes ("Are We Still Evolving?", en español: "¿Seguimos evolucionando?", marzo de 2009, *Discover*).

Entonces mi hipótesis es que el ser humano sigue intentando ser en plenitud lo que es. Me observo a mí mismo y observo a la humanidad y parece que todavía no llegamos a la mitad del camino. Para ponerlo de otra manera, todavía no sabemos ni siquiera la mitad. Esta idea puede deprimirnos o llenarnos de júbilo, depende de cómo se vea. Por cierto, lo mismo sucede con todo en la vida.

A mí, por ejemplo, me llena de júbilo que el esplendor de los seres humanos pueda duplicarse. El potencial del mañana se extiende hasta donde llegue nuestra vista, y mucho, mucho más allá. Pero. . . dejo ya mis pretensiones filosóficas, para regresar a nuestra explicación del cerebro.

Un león, contrario a una serpiente, tiene cerebro de mamífero. Tiene capacidad de experimentar enojo y lo hace. No comprueben esta teoría, les juro que es correcta. Pero un león no hace juicios sobre las cosas. "¿Mi enojo está justificado? ¿Tuve razón o me equivoqué? ¿Estuvo perfecto o fui pretencioso? ¿Me enojaré al mismo nivel en el futuro? ¿Qué pensarán los demás leones?", no se hacen esas preguntas.

El ser humano tiene un cerebro desarrollado a tercer nivel, toma datos, los compara con otros, organiza las maneras de responder a ellos, sopesa las opciones, analiza los resultados posibles que conlleva cada opción, hace juicios sobre el mejor resultado y le dice al cuerpo cómo responder. Todo esto en uno/uno millonésima de segundo.

Parece increíble, ¿no? Pero incluso con todo este espléndido equipo de computación dentro de tu cráneo, la respuesta que elija tu mente puede no tener nada que ver con el momento en cuestión. Muy bonito. . .

El problema es que muchos todavía no aprenden a usar todas las facultades de su mente, incluyendo la habilidad de considerar información que no forma parte de ningún dato anterior para producir su respuesta ante una situación determinada. Mucho menos han considerado usar exactamente el mismo mecanismo, el cerebro humano, para crear las condiciones que prefieren, en vez de soportar las condiciones a las que se enfrentan.

Lo más que hacen nuestras pobres mentes es traernos recuerdos y subrecuerdos de nuestro pasado reciente, esta vida y distantes, línea de evolución. Lanza estos datos hacia el ahora y los proyecta simultáneamente hacia el futuro.

Este proceso crea con la velocidad del rayo energía en la forma que llamamos "pensamiento" y la pone en movimiento. He formulado este fenómeno como: E+moción. Para los fines de esta disertación le llamaré simplemente emoción.

Ésa es la fuerza creativa del universo.

Creo que tengo que repetirlo.

Ésa es la fuerza creativa del universo. Por eso es tan triste que muchas personas piensen que las emociones son algo sobre lo que no tienen control. De hecho, como lo dije: las emociones se elijen. La mente decide sentir de una manera determinada. Las emociones son un acto voluntario. Cuando hayamos entendido esto podremos hacer lo que he descrito, usar la emoción para crear la condición que prefiramos, en vez de limitarnos a reaccionar ante las condiciones que soportamos. Hay más, mucho más sobre este tema en la parte dos).

Ya exploramos largamente cómo transformar tus emociones. Lo retomo brevemente: Cambia el pensamiento que las patrocina. Para hacerlo, modifica la verdad que patrocina el pensamiento. Para lograrlo, usa tu mente en todo su potencial en los momentos inmediatamente posteriores a cualquier evento. Busca más allá de tu banco de datos para crear la base de tu verdad. Una vez más, de eso trata la parte dos del libro.

He profundizado en la mecánica de la mente para darte una base real que te permita entender cómo usarla y superarla.

¿Ves con mayor claridad que eso fue todo lo que hizo la asistente al taller? También lo hizo muy rápido, con la mínima facilitación. Más aún, aceptó que probablemente pudiera hacerlo sola en el futuro, sin necesidad de impulso o ayuda alguna, porque vio de pronto lo que había estado haciendo. Se vio a sí misma, conscientemente, derramando lo que juzgaba un mal pasado hacia el presente, proyectando el recuerdo de su padre hacia todo.

Al ver lo anterior, hizo lo que la maestra espiritual Mary O'Malley y otros llaman "atestiguar la relación". La participante del taller atestiguó lo que estaba creando en su mente y simplemente tomó una nueva decisión al respecto. Ya no tiene que seguir haciendo lo mismo.

El proceso que he estado describiendo trata del desplazamiento hacia un pensamiento nuevo. Y es tan perfecto que el trabajo que hago yo y otros más, como Eckhart Tolle y Mary O'Malley, en el mundo a veces se describe como parte del movimiento del pensamiento nuevo. Se refiere a aumentar la conciencia, o elevar nuestra atención, de la verdad imaginada a la verdad real, produciendo una experiencia que salta de la realidad distorsionada a la realidad observable.

A la participante de mi taller le quedó muy claro, en cuanto dejó de pensar en eso, que yo nunca le haría el menor

daño y que no era su padre. Lo único que tuvo que hacer fue
ver las cosas más de cerca, sin aceptar simplemente el primer
mensaje de su mente al respecto. Esto es lo que significa el
muy conocido dicho: "Piénsalo dos veces".

Así que lo único que tienes que hacer para cambiar tu
pensamiento en cuanto a algo es pensarlo dos veces. Cuando
te enfrentas a un cambio enorme y al miedo natural que conlleva, muchos te dirán: "Ya no lo pienses más".

Yo te digo exactamente lo contrario.

Suceso precioso

Soy un suceso precioso,
desde hace no mucho.
Somos, un suceso precioso
y mientras pensemos que hace mucho
no hará mucho.
Se pierde demasiado tiempo
corriendo de un rostro en otro,
preguntando: "¿Cómo me llamo?"

Si aún no lo sabes
o si lo olvidaste,
guarda silencio,
entra en ti
y responde.

Tú, eres un Suceso Precioso:
dinos tu nombre.

Em Claire

Y ahora, una pregunta que modifica la vida

MUY BIEN, YA TENEMOS CLARO que cambiar tu pensamiento es sólo cuestión de pensarlo dos veces, de dedicar un segundo pensamiento para percibir el momento.

¿Por qué no tomamos un ejemplo del mundo real respecto a algo que puede estarte sucediendo ahora mismo y vemos cómo podría funcionar este proceso?

Primero, quisiera crear una visualización que vaya unida al proceso de percibir el momento, para que veas con exactitud qué haremos.

Ya entendimos que existen tres tipos de "realidad". La realidad distorsionada (lo que crees que sucede), la realidad observable (lo que ves justo frente a ti) y la realidad final (lo que es "tal cual" en cuanto a lo que sucede, lo que es "tal cual" en cuanto a por qué sucede y lo que es "tal cual" en cuanto a ti).

Sabemos también que estas realidades surgen de tres marcas de verdad: La verdad imaginada, la verdad aparente y la verdad real.

Así es como se ve gráficamente...

Las letras más pequeñas en estos niveles denotan puntos de origen de tu pensamiento en cuanto a lo que sucede en tu vida hoy. Las letras grandes, negras, dicen a dónde te llevarán esos puntos de partida. Si quieres cambiar la experiencia de vida que tienes, es sólo cuestión de desplazar el punto de partida hacia la parte superior de la pirámide. Es un proceso de elevar tu conciencia lo más alto posible. Ahora bien, como no sé exactamente lo qué sucede en tu vida, lo simularemos. Digamos que acabas de perder una relación. Usemos esa situación para ilustrar. Tú puedes tomar tu situación personal y aplicarle la misma fórmula que usaremos aquí.

Muy bien, digamos ahora que fue la otra persona la que terminó con la relación. En el momento en que cruzó la puerta por última vez, tu mente empezó a trabajar.

Primero, tu cerebro humano buscó todos los datos del pasado. Analizó las veces de tu vida en que sentiste que te dejaron, que te abandonaron. (Extrajo los datos con juicio y datos de hecho) de las experiencias anteriores, (entre ellos la vez que tu madre te dejó en la cuna y se salió del cuarto sin que supieras cuándo regresaría), y comparó la información.

Aquí hay algo que debes saber ahora. Tu mente le prestará mayor atención a los datos del pasado con juicios negativos, porque son los datos que tu ego, que es el operador del aquí y ahora de tu mente, no quiere volver a experimentar.

De manera que tu cerebro se fijó en los datos del pasado con juicio y los añadió a los datos del presente tras mezclarlos, le dio vida a un pensamiento que creó una emoción que supone te sirve. Es decir: una profunda tristeza. Eso te hizo descender al nivel más bajo de la "pirámide del ser" al cambiarte de la realidad observable a la realidad distorsionada. En resumen: te sientes pésimo.

Como ya lo describí, aunque jamás, jamás te hayan rechazado o abandonado, a otros sí, de manera que podrás contar con una base de datos del pasado con juicios negativos para crear pensamiento y emoción. Se tratará simplemente de los datos del pasado con Juicios negativos de alguien más, las memorias celulares de tu especie, que trae a la superficie tu cerebro de reptil. A partir de allí puedes, si no tienes cuidado, producir una reacción instintiva.

Pero existe una posibilidad más, una cuestión más: ¿qué pasa si tuviste una experiencia previa que se parece mucho a tu experiencia presente y tu experiencia previa fue buena?, ¿qué pasa si los datos del pasado con juicio que se parecen a los datos del presente contienen buenas noticias? Recuerda, no todos los datos del pasado con juicio son negativos. Algunas de tus experiencias previas pueden haberse juzgado como algo muy positivo.

Y ahora, ¿qué pasa si tus datos del pasado con juicio te dicen: "No te preocupes. Esto ya te pasó antes. Todo está bien"? Con toda seguridad eso alteraría tu experiencia del cambio en el aquí y ahora, ¿sí? Eso eliminaría las emociones negativas y produciría una experiencia positiva, ¿verdad?

Bueno, podría ser así. . . si todos aprendiéramos de nuestros "buenos" datos del pasado con juicio. Pero sucede algo casi insidioso. La mente puede sacar estos datos positivos, pero les prestará poca atención. Casi como si las cosas buenas nunca hubieran pasado.

Recuerda, tu mente siempre presta mayor atención a los "malos" datos del pasado y poca atención a los "buenos" datos del pasado porque ése es su trabajo, ha sido programada para ello, con el propósito de garantizar tu seguridad y supervivencia.

En este sentido podría decirse que "las buenas noticias no son noticias".

¿Lo escuchaste? ¿Lo estás entendiendo? Esto es muy importante, porque explica por qué en muchas situaciones lo primero que piensa mucha gente es en lo que podría salir mal, lo primero en que se enfoca es cómo son las cosas malas, el primer comentario es ¡qué golpe tan duro!

¿No sería mejor que esta tendencia se invirtiera? ¿No sería mejor si en la mayoría de las situaciones lo primero que pensara gente fuera lo que podría salir bien, lo primero que enfocara fuera cómo son las cosas buenas y lo primero que comentaran fuera qué oportunidad?

Esto le parce difícil a muchos; no entienden cómo hay alguien que puede ver la vida tan maravillosamente cuando es tan difícil. Mi padre me dijo desde que tenía nueve años: "Hijo, deja de tener la cabeza en las nubes". Cuando mis amigos me ven minimizar o sencillamente ignorar la posibilidad de resultados negativos, dicen: "¿Qué, perdiste la cabeza?"

Y mi respuesta es ¡SÍ!

Para poder experimentar la vida de la manera que les digo, es necesario PERDER la CABEZA.

Por lo menos por un tiempo. Por lo menos hasta que tengas una buena comprensión de cómo funciona la mente, de la mecánica de la mente y de cómo puedes cambiar tu verdad para transformar tu pensamiento, y tu emoción para modificar tu experiencia, y transformar tu realidad sobre el evento que sucede en tu vida.

De manera que date permiso de PENSAR DOS VECES sobre lo que sucede. Permanece en el ahora, como aconsejaría Eckart Tolle, y al hacerlo eleva tu conciencia de la verdad imaginada a la verdad aparente disponible.

Si logras hacerlo, puedes llegar a una conclusión completamente nueva en cuanto a los hechos. Veamos. Vamos a ver qué pasa cuando usamos esta técnica en nuestro ejemplo "ficticio" de una relación que terminó. Al ver cómo te sientes, puedes quizá estar consciente de que creaste la siguiente realidad distorsionada: Me abandonó/Ahora estoy solo otra vez/Qué mal todo esto/Qué injusticia/No puedo vivir sin esa persona/Nunca volveré a ser feliz/Fue injusta la manera en que terminó/Estoy lastimado y jamás perdonaré. . .

Ahora, al pensarlo dos veces, estás invitado a considerar una pregunta extraordinaria. Una sola pregunta que puede cambiar tu mundo. Un cuestionamiento que puede cambiar tu emoción al cambiar tu pensamiento cambiando la verdad que hay detrás de ese pensamiento. Ésta es la pregunta que modifica la vida.

¿Es posible que la realidad que estoy experimentando no sea real?

Al principio puede parecer gratuita y tonta. Sabes sin duda lo que estás sintiendo. Tienes la certeza de que así es. Tu mente discutirá contigo si tratas de evadir la experiencia que vives ahora. Tu mente te gritará: "Abre los ojos y mira a tu alrededor" "Te han abandonado" "Estás solo otra vez" "Esa persona se fue" "SE FUE" "VAS A ESTAR TRISTE" "TE SENTIRÁS DESDICHADO" "ESTO ES HORRIBLE".

Pero si tienes el valor de seguir haciendo la pregunta que modifica la vida, poco a poco tu mente se silenciará y dejará el asunto. Pensará Dos Veces.

En silencio y sin juicios, observa con simple curiosidad y compasión, como diría Mary O'Malley lo que tu mente grita al interior: "¡Oye, no tienes que pensarlo dos veces! ¡No lo pienses dos veces!" Porque sabe lo que sigue si no obedeces. Luego insiste suavemente en que vas a pensarlo dos veces, que vas a mirarlo de nuevo, antes de grabar en piedra tu experiencia.

Tu mente cooperará poco a poco. De hecho puedes entrenarla para que lo haga. En esto debes ser como un maestro que le enseña trucos nuevos a un perro viejo: una mente maestra.

Si tienes preguntas sobre cómo puede funcionar este proceso en torno a la pregunta que modifica la vida, puedes recurrir a cualquiera de las personas que conocen este material en:

www.changingchange.net

Espero que te des permiso de hacerlo y que te conectes con frecuencia a este sitio interactivo, hazlo si crees que pueda ser un buen recurso para ti. Ahora, qué tal si tomamos un:

Espacio para respirar

Inhala con lo que acabas de leer, luego decide si quieres continuar, o descansar y más tarde.

Si estás listo para continuar, pasa a. . .

¿Qué se está atestiguando?

Hagamos un diálogo, ¿de acuerdo?

Veamos qué tienes justo frente a ti en este día de tu vida. Claro que estamos usando nuestro ejemplo "ficticio", dado que en este momento no puedo hablar contigo directamente. . . pero podría si tú y yo estuviéramos en uno de nuestros grupos de conferencia que se programan periódicamente.

Veamos pues el ejemplo "ficticio" de otra manera, limitemos el encuentro con este momento sencillamente a lo que se atestigua, haciendo a un lado lo que se siente. Si estuvieras conmigo en un taller diría: "Dime, ¿qué sucedió aquí?"

Tú podrías responder: "Mi pareja acaba de dejarme. Me abandonó. Estoy completamente solo otra vez".

Y yo podría decir: "Entiendo que tu pareja acaba de dejarte. Eso es lo que atestiguaste. Esa es la realidad observable, pero, ¿has sido abandonado? ¿Estás completamente solo? ¿Es eso lo que atestiguaste, o lo que has sobrepuesto a lo que atestiguaste?"

Y tú podrías contestar: "No sé lo que quieres decir. No estoy sobreponiendo nada. Fui abandonado. Eso es un hecho. Estoy completamente solo otra vez. Así es".

Y a partir de ahí el diálogo podría proseguir así:

Yo: ¿De verdad? ¿Qué significa para ti "abandonado"?

Tú: Significa ser rechazado, abandonado, que te dejen. ¿Qué demonios crees que significa?

Yo: ¿Por quién?

Tú: ¿Qué? ¿Rechazado, abandonado, dejado. . . por quién? ¡Por la persona que amas! ¡Por tu pareja! Por la persona que pensaste que estaría contigo el resto de tu vida.

Yo: Bueno, has creado un nuevo significado para esa palabra en tu imaginación.

Tú: ¿De qué hablas?

Yo: Objetivamente, ser "abandonado" significa de manera literal que te rechazó, abandono, dejó. . . todo mundo. Estar de manera literal "completamente solo otra vez". ¿Es ésa tu realidad observable? ¿Es eso lo que observas en tu situación de este momento?

Tú: Estás jugando con las palabras. Lo que haces es jugar con las palabras para crear un argumento.

Yo: No, eres tú quien juega con las palabras para poder argumentar contigo. Te dices algo que has cargado de emoción en vez de atestiguar.

Tú: Oye, haces que me pierda.

Yo: No, tú te pierdes. Tú te pierdes en tu yo imaginado. Has asumido una verdad imaginada. Pero no te sientas mal. Eso es normal. Sólo conserva la voluntad de cambiar esta experiencia si puedes. ¿Deseas cambiar esta experiencia?

Tú: Creo que sí.

Yo: ¿Crees que sí?

Tú: Está bien, está bien. Sí quiero cambiar mi experiencia.

Yo: Bueno. Ahora dime lo que puedes atestiguar hoy en cuanto a tu vida. ¿Estás abandonado?

Tú: Mi pareja me abandonó, sí.

Yo: Bueno, ¿quién más te abandonó?

Pausa

Yo: Perdón. ¿no escuchaste mi pregunta?

Tú: Sí oí tu pregunta.

Yo: Bueno. Entonces, ¿quién más te abandonó?

Tú: Nadie más.

Yo: ¿Nadie más?

Tú: No.

Yo: Entonces realmente no te "abandonaron" es decir, no quedaste absoluta y completamente solo. Únicamente te dejó una persona.

Tú: Sí. Pero con eso basta.

Yo: Con eso basta para sentirse triste, de seguro. Pero, ¿basta para que te sientas totalmente abandonado?

Tú: Así es como me siento. No puedo cambiar la manera en que siento.

Yo: Claro que puedes. Si quieres. No tienes que hacerlo, pero puedes si quieres. ¿Tener esta experiencia te hace sentir bien? ¿Estás feliz?

Tú: ¡Claro que no! Se ve que no estoy feliz.

Yo: Bueno, si no estás feliz, ¿por qué sigues brindándote esta experiencia?

Tú: No me estoy brindando nada. Esto es lo que está sucediendo.

Yo: Muy bien, deja que te pregunte: ¿Estás completamente solo?

Pausa

Tú: No en el sentido que tú dices.

Yo: Bueno, ¿qué otro sentido existe? ¿Qué significan las palabras "completamente solo"?

Tú: Quiero decir que ya no tengo a la pareja de mi vida.

Yo: Ya lo sé; ¿pero estás completamente solo? ¿Qué estás atestiguando? ¿Qué estás viendo? ¿Ves que hay gente en tu vida?

Tú: Claro que sí.

Yo: ¿Gente a la que le importas?

Tú: Supongo que sí, a algunos.

Yo: ¿Supones?

Tú: Está bien, está bien, les importo a algunos. ¡Puf!

Yo: Entonces no estás "abandonado". No estás "completamente solo". ¿De acuerdo?

Tú: Lo que haces es intentar que me equivoque. Estás tratando de que me sienta mejor en cuanto a lo que sucede. No resuelves nada, estás tratando de que me fije en los mínimos detalles para que puedas probar tu argumento, en vez de escuchar cómo me siento.

Yo: En realidad, estoy escuchando cómo te sientes. Y tienes razón, espero hacerte sentir mejor. Pero no lo hago mintiéndote. No lo hago diciéndote algo que no. De hecho, trato de hacerlo diciéndote algo que es así. Estoy tratando de hacer que cambies el punto de origen de tu pensamiento en cuanto a esto. Te invito a elevarte de tu verdad imaginada a tu verdad aparente, de modo que puedas moverte de tu realidad distorsionada a tu realidad observable. Te ofrezco la oportunidad de ver las cosas desde una perspectiva diferente. Ya es claro que ni estás abandonado ni estás "completamente solo". También que tu pareja ya no está contigo. Has mezclado estos dos grupos de datos para hacerlo uno solo. ¿Puedes verlo?

Tú: (Con renuencia) Sí.

Yo: Bien. Entonces empecemos aquí. Ya hemos tomado nuestro camino. . ."

(Y el diálogo continúa, pero lo suspenderemos aquí).

Este es un diálogo poderoso aunque lo haya inventado, porque, en cierto sentido, no lo inventé. Como ven, presenté aquí una experiencia "ficticia". No me limité a recordar conversaciones que he sostenido con los participantes de retiros y talleres. Recordé mis propios diálogos internos.

Cuando tuve la experiencia de que me abandonara mi esposa, llegué a casa en la mitad del día y la encontré vacía, sin muebles y sin ninguno de sus objetos personales, albergué los mismos pensamientos. Pensé":

"Me abandonó. Estoy completamente solo otra vez. Qué mal todo esto. Qué injusticia. No puedo vivir sin ella. Nunca volveré a ser feliz. Es injusta la manera en que terminó. Me lastimó y nunca la perdonaré"

Desde entonces todas estas ideas se han sujetado a la prueba del tiempo. Parecían muy reales cuando las albergué, reflejaban mi verdad recóndita. Pero no mucho tiempo después comprendí que vivía mi verdad imaginada, no la verdad aparente. Con el tiempo me quedó claro que todas estas afirmaciones eran falsas.

Todas.

¿Qué te dice esto en cuanto a los pensamientos que abrigas exactamente ahora en cuanto a tu situación?

Montón

Sólo sueño en un modo
de amar a todos al alcance de mi mano.
Tengo ayuda:
tú, ven a mí
con ojos dolientes,
y una tristeza en tus sonrisas.

En este nuevo sueño que sueño para mí
los incluyo a todos.

¿Quieren saber qué es mi amor?
Es tu amor.

Y todos nosotros
cachorros
entrelazados en
un
tibio montón.

Em Claire

El final de la parte uno

NOS ACERCAMOS al momento importante de nuestra conversación. Hemos observado en detalle, quizá con más detalle que nunca, la mecánica de la mente. Ahora entendemos cómo funciona todo, hemos llegado al momento en que tienes la oportunidad de tomar una decisión respecto a la segunda, tercera y cuarta de las 9 actitudes que estás invitado a considerar.

Veo que ya tomaste la decisión de asumir la primera actitud: cambiar tu decisión de "hacerlo solo", de otro modo habrías abandonado la lectura.

Las siguientes son:

Actitud 2: Cambiar tu selección de emociones.
Actitud 3: Cambiar tu selección de pensamiento.
Actitud 4: Cambiar tu selección de verdades.

Puedes hacerlo ahora mismo. Puedes usar la mecánica de la mente para cambiar tu postura en cuanto al cambio que sucede en tu vida precisamente ahora.

Fíjate bien en la emoción que has sentido en los últimos días. ¿Es enojo? ¿miedo? ¿dolor? ¿frustración? ¿preocupación? ¿tristeza? ¿decepción? ¿desilusión?

Escribe en un papel las emociones que has sentido como resultado del cambio en tu circunstancia actual y completa la siguiente oración:

Tras la desgracia que sucedió. . .

Sí, hazlo. Te puede ayudar. Toma una hoja de papel y hazlo. Describe en unas palabras las emociones que has sentido y que sientes. Podrías continuar con:… me he sentido con miedo, o triste, o enojado. O todo lo anterior.

Escribe los pensamientos que han surgido y que han patrocinado esas emociones. Completa la siguiente oración.

Cuando contemplo lo que ha sucedido y sucede, pienso que. . .

Quizá continúes:. . . nunca volveré a ser feliz, fui tratado con injusticia, o no será sencillo superar los problemas, o lo que sea que pienses cuando hay un cambio en tu vida.

Bueno.

Escribe ahora la verdad que albergas y que patrocinaron estos pensamientos. Completa la siguiente oración.

Mi verdad en cuanto a esta situación es que. . .

Tal vez escribas:. . . me lastima, o es peligrosa, o no tiene solución.

Fíjate ahora en los datos del pasado con juicio de los que surge esta verdad. Intenta sólo por un momento ver más allá de ellos y enfócate en los datos del pasado de hecho. ¿Cuáles son los hechos, sin hacer juicios en un sentido o el otro sobre las situaciones similares? ¿Qué te dice tu pasado de hecho de ellas?

Piensa que eres el Sr. Spock a bordo de la nave espacial Enterprise. Observa con lógica los datos del pasado, sin ningún juicio, ¿qué ves que es verdad en las dos o tres veces que esto ha pasado? ¿Te ha causado algún tipo de lesión que dañe tu vida, de la cual no puedas recuperarte? ¿Te has recuperado, de hecho, de algo peor que esto? En algunos casos, ¿las cosas se resolvieron para bien cuando todo se dijo y se hizo? ¿Cuáles son los datos de hecho del pasado respecto a esto?

Y ahora ve si esto impacta de alguna manera tu verdad sobre la experiencia del momento presente. ¿Puedes hacer que impacte tu verdad de alguna manera?

¿Podrías llegar tan lejos como para crear una verdad completamente nueva en cuanto a lo que sucede?

¿Puedes verte elevándote de la verdad imaginada a la verdad aparente?

Esto funciona, querido amigo. Esto funciona. Pero, ahora mismo escucha lo que te dice tu mente. ¿Te está diciendo: "Sí, claro, funciona para ti. Pero para mí, la vida es una eterna lucha"? ¿Eso es lo que afirma en este momento? Si no, qué maravilla. Pero en caso de que sí, empieza con lo que Mary O'Malley, con su profunda sabiduría, recomienda: date permiso de ser curioso en cuanto a lo que dice la mente, y ten compasión de lo que aprendes. Mary sugiere que con suavidad que te hagas estas preguntas: ¿Cuál es el camino para salir de esto? ¿Qué soy en realidad? ¿Qué es lo que me está pidiendo que lo vea? ¿Qué necesito decir, hacer, o ser que sea para un gran bien? ¿Qué es lo que necesita mi atención amorosa? ¿Cuál es el siguiente paso de mi vida?

"Da testimonio". Mira con delicadeza a dónde se dirige tu mente, lo que hace tu mente. Ámate a ti mismo todo el tiempo.

Permanece contigo, llévate al momento presente, quizá sólo con escuchar tu respiración, tal vez mirando algo en el cuarto. Luego, en silencio, con suavidad, concédete permiso para tomar una nueva decisión si lo deseas. Asume una nueva verdad.

Podríamos concluir la primera parte de esta extraordinaria exploración sobre cómo puedes cambiar todo, con una percepción final en cuanto a la mecánica de la mente:

La verdad se crea, no se descubre

Tiren el martillo:

Dios dice: "Tiren el martillo"
que es en realidad mi propia voz, sin duda.
Y es también tu propia voz.
Entonces "tira el martillo"
y lleva tu mano a los labios,
o ponla sobre tu corazón,
murmurando:
"Dulce perdón",
aunque aquí no hay nada que perdonar.
Todo lo que hacemos es tratar de amar.
Aparece en forma de todo: enojo, miedo y daño de todo tipo.
Pero todo lo que hacemos es tratar de amar.
No hay nada que perdonar
excepto, levantar de nuevo el martillo.

PARTE DOS

El sistema del alma

**Y cómo saber lo que puede ayudarte
a crear los cambios en tu vida,
en vez de soportarlos.**

La respuesta a todo

NOS LANZAMOS AHORA a lo que considero la parte más emocionante de este libro y de todos los demás.

¿Acabo de decir: "Y de todos los demás"?, sí, eso dije. Porque no creo que jamás se haya escrito algún libro que contenga información más vital, más crucial, más crítica, más importante, con más fuerza y conectada de manera más directa a tu habilidad de experimentar la vida como siempre lo has deseado y como siempre has esperado y aspirado experimentarla, que con la información que recibirás ahora.

Espero que hagas notas en todos los márgenes. Espero que las páginas se rasguen y tengan las orillas dobladas y que se adelgacen por el uso. Si estás leyendo la versión electrónica, espero que selecciones todas las líneas y los párrafos que te llamen a gritos con la voz de tu propia alma: viniste aquí para oír esto.

Quiero hablarte ahora sobre el sistema del alma.

La mecánica del alma sería sólo: La mecánica, los dispositivos entrelazados, que interactúan en lo que me gusta llamar "el motor de tu experiencia". Pero aquí examinaremos el combustible que le da energía al motor. Y cuando terminemos las exploraciones de la segunda parte de este libro, tendrás todo lo que necesitas para transformar todo cuando todo cambie.

En un mundo que se modifica constantemente, con una vida personal que parece sacudirse a causa de los grandes cambios que ves a tu alrededor, es importante entender cómo y por qué tu experiencia cambia de la manera en que lo haces tú, para que puedas cambiar tu experiencia del cambio si lo deseas.

No es fácil observar el colapso, la calamidad y la catástrofe y mantener la paz. Pero se puede hacer, y aquí, juntos, veremos cómo.

Iniciaremos nuestra exploración del sistema del alma anunciando que tú tienes alma. Esto no lo "da por sentado" toda la gente. Hay quien cree que los humanos son sólo una forma particular de vida, sin "espíritu" en su interior. Los comentarios que siguen suponen que lo anterior es erróneo. Suponen también la existencia de lo que podríamos llamar "sobrealma", o lo que algunos denominan Dios.

Estas suposiciones se basan en algo más que la fe ciega. Se basan en la observación, la lógica y la extrapolación de ambas.

Con un simple vistazo al universo sabemos que la energía existe. Esta energía parece ser el centro de todo objeto vivo y, en realidad, de todo, ya sea que lo definamos como "vivo" o no.

Es el caso, para usar nuestro ejemplo anterior, de una piedra. Una piedra parece inerte, y normalmente no se clasificaría como organismo vivo, según la biología, pero, si se define lo vivo como lo que se mueve siguiendo un diseño impecable y preciso, que parece sugerir algún nivel de inteligencia en su núcleo que con toda claridad forma parte de un sistema mayor, entonces las rocas tienen mucha vida, puesto que al examinarlas con amplificación se observa un microcosmos que es duplicado virtual del macrocosmos.

A los científicos no se les ha escapado y a ti tampoco se te escapará que lo que se ve en un telescopio y en un microscopio es lo mismo: un sistema de partículas o "esferas" de energía, circulando a gran velocidad alrededor de un centro, o núcleo, cuya configuración general se mantiene gracias a una fuerza omnipresente invisible, pero sin duda presente.

Dicho de otro modo, la observación profunda de la estructura submolecular de una roca (o de cualquier cosa) muestra un pequeño "universo". Se ve también que hay algo que maneja ese universo. Ese "algo" no se ve. Lo que se ve son sus efectos, pero la energía en sí que crea esos efectos es invisible a simple vista.

¿Eso significa que la energía no existe? No.

Todo lo que podemos ver no es todo lo que existe.

De tal modo, les diré que lo que hemos decidido llamar "alma" es parte de lo que no se puede ver: Un sistema de energía que hace que todas las cosas se muevan y le da animación a la vida. Por lo que, también, es lo que hemos decidido llamar "Dios". De hecho, Dios es el sistema en sí.

Dios es la mayor manifestación de un sistema que se repite a sí mismo en versiones cada vez más pequeñas a través de un proceso que le da Fuerza al sistema en sí para que exista y se expanda.

Éste es el sistema del alma, y es impecable. Su funcionamiento es perfecto. Cuenta con un diseño elegante. Su objetivo es claro. Su fuerza es inmutable. Si fuera de otro modo el sistema en sí se desintegraría. Es decir, dejaría de integrarse a sí mismo y, por tanto, dejaría de ser.

Esto significa que Dios está en todo; que la vida está en todo, lo cual es verdad, y a nivel del alma lo sabemos. Por eso personificamos objetos inanimados. Le ponemos nombre a nuestras lanchas y nos enamoramos de ellas. Cuando nuestro coche no arranca lo tratamos con cariño diciéndole: "puedes mi amor, tú puedes". Y el coche arranca.

Cuando la mamá decide redecorar y cambiar los muebles de la sala, el papá dice: "Está bien, pero mi sillón, se queda". Encontramos nuestra cobijita de bebé guardada en una caja en la bodega y nos la acercamos a la cara con los ojos llenos de lágrimas. Le agradecemos toda la comodidad y el amor que nos dio. Le agradecemos a la cobijita.

¿Crees que al alma no le queda claro que la energía de la vida está en todas partes?

Debo decirles que no hay nada que no tenga vida, y el alma lo sabe. El alma se ve en todas las cosas. Sabe que estamos unidos con todo lo que vive, por eso veo con tristeza que la mente nos convenza de lo contrario. Porque la mente, como hemos dicho, sólo cuenta con datos del pasado para llegar a sus conclusiones. Pero el alma se remonta más allá de ellos, hasta un lugar donde el tiempo no existe. El alma conoce la verdad real, en tanto que la mente sólo puede llegar hasta la verdad aparente.

Salvo que deje de hacerlo.

Y esa es la motivación que le da el alma a la mente. Anima a la mente a ir más allá de la apariencia de las cosas. "No te detengas ahí", dice con dulzura. "Ven conmigo a un lugar que jamás soñaste que existiera".

Quizá digas que todo te parece muy interesante pero, ¿qué tiene que ver esto con mi vida y las modificaciones y cómo voy a manejarla?

Ah, sí, es que. . . ¿Será buen momento para respirar un poco? Ambos nos daremos un:

Espacio para respirar

Tomemos un momento para considerar las implicaciones de esto, y para considerar que éstas sí tienen que ver con tu vida, con los cambios que han sucedido y con la manera en que los afrontarás; luego; cuando estés listo, y sólo hasta que estés listo, pasa a. . .

La sorprendente verdad sobre el cambio

Considero que toda esta conversación que sostengo contigo contendrá, al final, dos enunciados que debes recordar al pie de la letra. Lo digo en serio, de verdad, recuérdalos. Es decir, nunca los olvides. Como si los llevaras tatuados en tu muñeca izquierda. Como si estuvieran escritos en jabón en tu espejo del baño o fijos con un imán en la puerta de tu refrigerador. Estas dos expresiones cambian paradigmas y cambian la vida. Les llamo:

La pregunta que modifica la vida

La respuesta de todo

La pregunta que modifica la vida aparece al final de nuestra exploración de la mecánica de la mente, ¿recuerdas la pregunta?

¿Es posible que la realidad que estoy experimentando no sea real?

El Alma es la que motiva esta pregunta. Ahora, la respuesta de todo. Lo que estoy a punto de decir puede lograr que nunca más tengan una experiencia negativa de cambio. Esta es la última pieza del rompecabezas. Es la llave perdida, la combinación que se desconoce, el secreto de secretos. Y en tanto que la pregunta que modifica la vida fue la culminación de la primera parte de este libro, la respuesta de todo será el punto de partida de la segunda parte.

He aquí. . .

Nada cambia para mal, todo cambia para mejorar.

Y esta parte del sistema de energía que he estado describiendo es la que se relaciona con tu vida. Eso vincula a tu alma con los cambios que han sucedido, y que sucederán en los días y los tiempos por venir.

Brillar

La vida quiere que te diga:
no hay nada que arreglar
todo desea
una celebración.
Naciste para reverenciar
para que encontraras
todos los milagros a tus pies.
Naciste para elevarte

para que descubrieras
tu bello rostro del cielo
justo arriba
todo lo que piensas debes cargarlo.
Cuando apelo a Dios para que me hable,
me siento tan pequeña y sola como has de estar.
Pero entonces, sin razón especial,
Empiezo a brillar.

Em Claire

La quinta actitud

LO QUE ACABO de decir cambia todo. No se necesita más información, ni se requieren otros datos. La mente cuenta ya con el poder para llegar a un nuevo conjunto de conclusiones en cuanto a la vida.

Muy cerca del principio de esta conversación dije que había 9 actitudes pueden transformar la vida, pero la verdad es que la único que necesitas se encuentra en la quinta actitud.

Actitud 5:

CAMBIA TU IDEA SOBRE EL CAMBIO EN SÍ

Hemos estado viendo el cambio como un trastorno, como un desvío en la dirección, como una alteración a la condición o circunstancia de nuestra vida. En especial cuando se trata de lo que vemos como un cambio indeseable, ésta ha sido nuestra verdad, de esta verdad ha emergido nuestro pensamiento, que ha creado nuestra emoción, que ha producido nuestra experiencia, la cual ha puesto eventos en nuestra realidad.

Quiero que piensen en lo que acabo de decir. Un evento es lo que genera nuestra realidad. Nuestra realidad es, en sentido literal, un evento tras otro.

Esto es verdad hasta que nos apartamos de la mente. Cuando nos salimos de la mente y entramos al terreno del alma, los eventos dejan de crear nuestra realidad, para que lo haga la conciencia pura.

De la conciencia emerge la verdad real, en tanto que a partir de los eventos surge, en el mejor de los casos, la verdad aparente y, la mayoría de las veces la verdad imaginada. De manera que a partir de los eventos viajamos hacia la realidad distorsionada, mientras que a partir de la conciencia nos desplazamos hacia la realidad final.

¿Y de qué nos volvemos conscientes, qué produce tal desviación cuántica en esta experiencia total? Nos volvemos conscientes de la verdad real sobre el cambio en sí. Vemos que el cambio no es un trastorno, sino una erupción. Es la vida que erupciona hacia un florecimiento mayor. Vemos que el cambio no es una desviación de la dirección, es la dirección misma en que se mueve la vida. Vemos que el cambio no es una alteración de las condiciones y circunstancias de nuestra vida, es las condiciones y circunstancias de nuestra vida.

Con nuestra conciencia expandida comprendemos que sin cambio la vida no existiría, puesto que la vida es movimiento y el movimiento es cambio, por definición.

La cuestión no es si habrá cambios en la vida, sino qué tipo de cambios habrá en la vida. Y la solución depende de cómo utilices la mecánica de la mente, y de si la integras al sistema del alma, siendo que son dos manijas de la misma gran herramienta.

Examinemos el sistema del alma, tal como lo hicimos con la mecánica de la mente, empecemos con la definición del alma misma.

El alma es energía. Es la energía de la gente, lo que anima a la propia existencia que, a su vez, recibe energía y animación de la vida a través de existir; es decir, es un sistema de autoalimentación y autosustento.

Es de vital importancia recordar que la vida es un sistema autosustentado. Nunca termina, sino que se sustenta a sí mismo eternamente. ¿Cómo? Adaptándose ¿Por qué? Para mantenerse siempre funcional. Cuando ya no puede funcionar de determinada manera, se adapta, así se hace sustentable.

La vida hace sus adaptaciones continuamente, siempre está cambiando. La pregunta no es si la vida cambia siempre, sino, ¿por qué? La vida está cambiando siempre para ser sustentable. Por eso todo cambio que suceda en todo momento es un cambio para mejorar.

Esta nueva idea que te estoy invitando a asumir, poniéndola a un nivel más personal, diría: todo cambio es para tu bien.

La mayoría de nosotros ha experimentado esto después del hecho.

La mayoría de nosotros ha experimentado eventos que hemos designado, cuando sucedieron, los peores de nuestra vida, para descubrir después, con el paso del tiempo, que fueron una de las mejores cosas que pudo habernos pasado.

El hecho es que esto es verdad en todo lo que nos ha sucedido, pero no lo sabemos, no podemos aceptarlo, porque algunas cosas resultaron mal, según nuestra definición, que está limitada, constreñida a la mecánica de la mente y sus limitaciones inherentes.

Quizá la mente sepa muy bien todo lo que pasó antes, pero no sabe por qué. Tal vez la mente conserve muy bien todos los datos del pasado de la vida, pero no cuenta con toda la información de la vida (que es algo totalmente diferente). Es posible que la mente contenga conocimiento, pero no sabiduría.

La sabiduría radica fuera de la mente. La sabiduría radica en el alma.

Por eso necesitamos tomar las dos manijas de esta espléndida herramienta de creación a la que llamaré ahora por su nombre: TÚ.

Permite que te aclare lo siguiente: los "hechos" y la "conciencia" no son lo mismo. Podemos conocer todos los hechos de la gravedad, pero si no tenemos conciencia del funcionamiento de la gravedad, no sabemos nada. Podemos conocer todo los hechos de la electricidad, y podemos usarla, pero si no tenemos conciencia de lo que es la electricidad y por qué funciona, no sabemos nada. Podemos conocer todos los hechos de la luz, usarla, pero si no tenemos conciencia de lo que es y por qué funciona, no sabemos nada.

De igual manera, podemos conocer todos los hechos del cambio, pero si no tenemos conciencia de lo que es y por qué funciona, no sabemos nada.

Por ejemplo, tal vez desconozcamos que:

Nada cambia para mal, todo cambia para mejorar

Ésta es una gran afirmación, y entiendo que sea difícil creerla, pero es verdad. Retirémonos un poco de esta idea para darle sustento desde la física. Sí, dije física.

He estado diciendo que la mente es un mecanismo. Ahora quiero decirles que la vida es igual. Toda la vida es un mecanismo, e igual que todos los mecanismos, la vida funciona con energía. A diferencia de los demás mecanismos, la vida es la energía con la que funciona. Es decir, se alimenta de sí misma.

Así, las estrellas implosionan y todo un sistema estelar desaparece en los hoyos negros; así, los terremotos y tornados y huracanes devastan la tierra; así, el pez grande se come al chico; y así nacen los humanos, viven y mueren, polvo eres y en polvo te convertirás. Pero la energía de ninguno de estos elementos (de ninguno) desaparece, sólo cambia de forma. La energía nunca desaparece ni puede desaparecer, sólo se transforma.

A través de la transformación de la energía se produce la luz. A través de la transformación de la energía se produce el calor. A través de la transformación de la energía se produce la electricidad. A través de la transformación de la energía se produce la gravedad. Y a través de la transformación de la energía se produce todo, incluso la vida misma.

La energía actúa sobre sí misma. La transformación de energía produce energía en formación. La energía es información de la vida. La vida siempre esta en formación. Siempre se está formando a sí misma hacia algo que no era antes de que se convirtiera en lo que es. A través de la conversión la vida respira vida hacia la vida misma. En términos sencillos, a esto se le llama cambio.

Sí, vuelve a aparecer esa palabra: cambio.

De eso se trata la vida. La vida alimenta a la vida a través del proceso de la propia vida, donde la vida cambia de forma cien millones de veces en lo que dura parpadeo, un millón de millones de veces en segundos, millones de millones de veces en un minuto y más veces de lo que el tiempo mismo puede contar en el tiempo que ha pasado desde que se empezó a contar.

El cambio para mal es literalmente imposible dentro de la expresión de energía a la que llamamos vida. Eso se debe a que la vida misma puede alterarse a sí misma fundamentalmente en una sola dirección: la que requiere la evolución; la dirección que exige la expansión; la dirección que la mantiene en flor. Las cosas sólo pueden cambiar para bien, las cosas sólo pueden mejorar, porque la "mejora" es la única naturaleza de Dios.

Dicho de otro modo, Dios no tiene intenciones de acabar con sí mismo.

La vida es la manera que tiene Dios de brindarse a sí mismo. El proceso para realizar esto se llama mejora.

Pero, ¡un momento! ¿Quién dice que hay un "Dios"?

Yo. Pero no uso la palabra Dios como muchas otras personas. No uso la palabra para denotar o describir a un superser que existe en algún lugar del cosmos, con proclividades y tendencias, necesidades y deseos, frustraciones y emociones idénticas a las de los humanos. No hablo de una entidad divina que tiene necesidades que deben satisfacerse o que, supuestamente como producto de su carácter, o por, lo menos de su determinación, castiga a quienes lo desobedecen, y que supuestamente tiene pene y, supuestamente, piel blanca, y, supuestamente no tiene esposa pero sí un hijo.

Éste no es el ser a quien me refiero al escribir "Dios".

Me refiero a la fuente de suprema inteligencia que se manifiesta a sí misma como la energía pura a la que llamamos la propia vida. Me refiero a la mayor manifestación de un sistema que se repite a sí mismo en versiones más y más pequeñas a través de un proceso que le da poder al sistema mismo para existir y expandirse. Hablo de la mayor célula madre no diferenciada que existe, de la cual surge toda la vida en todas sus formas.

De hecho, según mi comprensión y experiencia, las palabras "Dios" y "vida" son intercambiables, y en esta ecuación la evolución es la constante. Es el mandato siempre presente de la vida misma. Es el ajuste, la adaptación y la alteración continua y sin fin de todo lo que es. No hay ajuste, adaptación o modificación que contraiga la vida, puesto que sólo pueden expandirla. No hay ajuste, adaptación o modificación que disminuya la vida, puesto que sólo pueden aumentarla.

La vida evoluciona hacia niveles más y más altos de complejidad. La vida no podría retraerse aunque quisiera, porque es incapaz de hacerlo.

Ahora bien, es verdad que puede parecer que la vida se está retrayendo. Puede parecer que los cambios no son "para mejorar". Pero, de hecho, el cambio sólo puede ser para bien o no sucedería. Todos los maestros espirituales lo saben. Por eso cada uno enseña, a su manera, a no juzgar por las apariencias.

La vida es eternamente funcional, adaptable y sustentable. Estos son los principios básicos de la vida y no pueden violarse ni volverse inoperantes, pues la vida dejaría de ser.

Todo esto es mucho más sencillo de entender al sustituir la palabra Dios por la palabra vida. De pronto queda claro. Dios es eternamente funcional, adaptable y sustentable. Estos son los principios básicos de Dios, y no pueden violarse o volverse inoperantes de manera alguna, pues de otro modo Dios dejaría de ser.

Cuando los seres humanos asuman la extraordinaria idea que se presenta aquí, el proceso de cambio se verá como lo que es: la expresión última de la divinidad misma, que se sustenta a sí misma a través de adaptaciones que la hacen eternamente magnificente.

El cambio es un anuncio de la intención que tiene la vida de continuar.

El cambio es el impulso fundamental de la vida.

De nuevo, quiero decirles que no creo que muchas personas lo vean así. Si así fuera, le prestarían atención a los mandamientos de Cristo y no tendrían miedo. Pero los "hombres de poca fe" tienen miedo. Por eso Franklin Roosevelt se inclinó a decir: "Lo único a lo que podemos tenerle miedo es al miedo en sí".

Voy a dar un paso más. Diré que:

No tenemos nada que cambiar más que el cambio en sí.

El cuerpo de Dios

Desperté hoy en más silencio que Dios
y me estiré hacia el cielo
para acariciar los cuerpos celestiales
con el cuerpo de Dios.

Toda la noche
el sol esperó a mis ojos.
Y ahora que se fijan sobre ella,
ella se levanta,
tan divina como sirena
como musa,

toda
cuerpo de Dios.

Hasta el mar se mece y las rocas
esperan dulcemente que despierte,
hasta la luna
hasta el cielo
hasta el silencio.

Hasta el silencio espera el despertar de mi voz
que besará con ternura su cuerpo de sonidos
otra vez
en el cuerpo de Dios.

Em Claire

La sexta actitud

ESPERO QUE HAYAN considerado con cuidado la quinta actitud, y que, dada la información y las percepciones que recibieron aquí, sientan que pueden seguir adelante y asumirlas, junto con las actitudes 1, 2, 3 y 4.

Quiero decirte que si sólo hubiera en mi lista una actitud entre las nueve, que hiciera el trabajo del resto, sería la quinta, ella es capaz de cambiar la forma en que se experimenta el cambio, incluso en el momento en que sucede el cambio. ¿No es ese el cambio que te gustaría hacer?

Seguro que sí. A todos nos gustaría hacer un cambio así en momentos como este en el que estás experimentando el cambio.

Ahora sé que la manera en que te gustaría modificar las cosas es cambiar el hecho de que nada cambiara. Parece que serías feliz si pudieras revertir lo que sucedió. Pero la noticia es que no.

Si dejar las cosas como estaban hiciera que estuviéramos felices, nada habría sucedido.

Pero podrías ubicar un cambio más a partir del cambio, que podría convertir las cosas en algo parecido a como estaban, aunque no serían lo mismo, ni te gustaría que así fuera. Recuerda siempre: No puedes cambiar lo que cambió, porque eso pertenece al pasado, pero puedes cambiar el futuro, y es ahí donde radica tu poder.

Tu decisión será: ¿Quiero cambiar el futuro de manera que repita mi pasado?, ¿Quiero cambiar el futuro de manera tan radical que nada en absoluto se parezca a mi pasado?

Para considerarlo, necesitas reconocer que el cambio no se presenta en el vacío. El cambio no sucede en el universo sin razón. El cambio no es un acto fortuito. El cambio es un anuncio de que algo no funciona.

El cambio sucedió en tu vida porque había desarmonía. Cuando se presenta la desarmonía la vida se vuelve disfuncional. Y esa condición viola el primero de los principios básicos de la vida, que es funcional, adaptable y sustentable, e invoca al segundo.

Muy bien, podrías decir ahora: "Si todo pasa para bien, es decir, si realmente es verdad, entonces alguien tiene que decirme qué rayos tiene Dios en la mente, porque para mí las cosas no se ven nada mejor".

Sé que escucharé esto muchas veces durante el taller "Cambiar todo" que estamos presentando por televisión satelital a través de "transmisiones por la red" en todo el mundo, también en nuestro retiro en vivo que hacemos dos veces al año. Y esto me conduce a la sexta actitud.

Actitud 6:

Cambia tu idea sobre por qué sucede el cambio

Aunque aceptes que todo cambio es para mejorar, no sabes porqué esta nueva circunstancia, situación o condición es mejor. No entiendes la naturaleza de la mejora. Se debe a que la mejora quizá no tenga relación con las condiciones exteriores, sino con las interiores. No alcanzas a ver la causa del cambio y quién lo provoca. Cuando lo veas y lo asumas como tu verdad de vida, una vez más, todo en tu experiencia diaria cambiará.

Viene ahora otra verdad real. Prepárate. ¿Estás listo?

Es fuerte, así que toma aire. Y, ahí va. . .

El cambio sucede porque tú quieres que suceda.

Todo lo que cambia, cambia en tu dirección.

"¡Ay, eso no me parece verdad! ¿Por qué querría que pasara lo que acaba de pasar?" "¡Nadie en su sano juicio lo elegiría!"

¿Eso es lo que dices (o gritas) dentro de tu cabeza ahora mismo?

Bueno, si así es tienes razón. Nadie en su sano juicio elegiría algo así. La mente no hace estas elecciones. El alma sí.

Lo cual nos lleva a la agenda del alma. Primero establecimos que tienes alma, ¿sí? Ahora necesitamos ver porqué. ¿Por qué tienes alma? ¿Cuál es su propósito? ¿Cuál es su función? Cuando lo entiendas, esto lo recuerdes de inmediato, te quedará muy claro porqué eliges el cambio.

La agenda de tu alma fluye con serenidad junto con la mayor energía de la vida misma. La energía de la vida siempre se mueve hacia la sinergía, la armonía, la expresión gloriosa y la expansión. Busca una experiencia propia, en plenitud.

Cuando le agrego mi propio lenguaje humano a esta explicación, me descubro diciendo que la energía de la vida se mueve siempre en dirección de lo que llamo "amor". Amor propio, amor a otros y amor a la vida.

Tu energía individual se mueve en la misma dirección. Tu alma y el "alma del universo" desean, buscan y producen en todo momento lo mismo. Pero cuando la mente interfiere en el camino parece como si no lo estuviera produciendo, como si algo terrible sucediera, como si fueras en la dirección equivocada.

Usaré ahora un ejemplo de la doctrina cristiana para ilustrar lo que digo. El Nuevo Testamento dice que Jesús fue con sus discípulos a un huerto llamado Getsemaní. Ahí les pidió que se sentaran a esperarlo y que oraran. También les dijo que se iba a retirar para hacer oración.

Después, en soledad, sintió un gran peso sobre él, un peso mortal. Y supo lo que vendría. Y le pidió a Dios: "¡Padre!, si puedes, aparta de mí este cáliz".

Aquí entró en juego la mente de Jesús, y quiso cambiar la dirección en la que sucedían las cosas. Pero de inmediato elevó su vibración por medio de la fuerza luminosa de su voluntad. "Hágase tu voluntad y no la mía", dijo. Y con esas palabras su mente volvió a alinearse con la mente del universo o, si lo prefieren, con Dios.

Sólo existe un alma, pero tiene muchas expresiones. Estos aspectos individuales buscan sinergía, armonía, expresión gloriosa y expansión. Ésta es otra manera de decir que la vida en todas sus formas busca lo mismo que busca la vida misma. ¿Cómo podría ser de otro modo?

Pero el alma y la mente son dos cosas diferentes. La "forma de vida" que tienes cuenta con alma y mente, y también con cuerpo y esta totalidad triuna está perfectamente equipada para hacer aquí (en la vida física) lo que viniste a hacer.

El trabajo de la mente es asegurar que el cuerpo (tu instrumento o herramienta física) se mantenga a salvo, para que lo puedas usar haciendo lo que viniste a hacer aquí. El trabajo del alma es asegurar que la mente siempre sepa lo que viniste a hacer aquí, y que no se quede atrapada en el mundo ficticio.

Algo similar a quedarse atrapado en una realidad virtual de Internet. Estoy seguro que sabes que actualmente existen "mundos" completos en Internet a los cuales puedes meterte, cobrar una identidad y vivir toda una "vida" creciendo, encontrando amor, dándole forma a tu carrera, comprando una casa, teniendo una familia, experimentando el éxito y haciéndote rico (o no). . . De hecho, puedes producir toda una experiencia de vida en estas realidades virtuales, interactuando con otros, celebrando contratos legales (todo con detalle, especialización y complejidad). Y nada es real. Obviamente, ni el mínimo fragmento de esto te sucede en realidad a ti. Sólo ocurre en el "tú" que creaste en ese mundo ficticio.

Para tu alma, la vida física en la Tierra es mayoritariamente lo mismo. Lo importante es no "perderse" en el mundo ficticio de tu mente, sino usar tu cuerpo y tu mente para hacer lo que tu alma debe.

Eso es lo que hacemos ahora, pero algunas personas lo hacen de manera consciente y algunas inconscientemente. Es decir sin saber lo que hacen.

Ya sé que algo de esto está empezando a sonar muy raro, así que tal vez sea buen momento para tomar un descanso y "estar" un poco con todo lo que he dicho. Trata de no juzgar ni evaluar. Nada más descansa y piensa en lo que has leído tal como es: una idea, el concepto de una persona; algo que se puso a tu consideración. ¿De acuerdo? Entonces, ¿te gustaría ahora tomar un descanso?

Espacio para respirar

Cuando estés listo, prosigue con. . .

Cuestión de balance

Lo que le sucedió a Jesús en el Huerto de Getsemaní es lo que nos sucede a todos. Me encanta que esta historia se encuentre en la Biblia por una razón: nos llena de esperanza saber que incluso Jesús experimentó el balance de su mente y su alma como parte del proceso en el que tuvo la más plena experiencia de sí mismo.

Eso es de lo que hablamos en esta conversación. Quiero ayudarte a ver que la vida no es exactamente lo que piensas, y que hay una razón para que las cosas sucedan del modo en que suceden, y que no eres víctima de esta razón, sino la causa de lo que sucede.

Sería difícil que asimilaras esta idea a menos que tuvieras una clara comprensión de tu verdadera identidad; de quién eres en realidad y por qué estás en la Tierra en forma física, y de qué trata la vida real verdaderamente.

Sin esa comprensión, nada en la vida tendría mayor sentido. Con esa comprensión, todo cobra sentido. Y cuando cobra sentido para ti, ya no tienes que sufrir el dolor y la frustración que has conocido hasta hoy. Los cambios pueden aparecer por todos lados (y lo harán), sin desbalancearte, ni conducirte al enojo o la tristeza. Habrás transformado la manera en que experimentas el cambio mismo, porque comprenderás todo lo que hay que entender en cuanto al cambio, incluso que:

Nada cambia para mal, todo cambia para mejorar.
El cambio sucede porque quieres que suceda.

La mente rechaza muchas nociones, pero el alma las proclama hacia el cielo infinito. Esto se debe a que el alma sabe lo que la mente no puede comprender. Y esto se debe a que la mente parte de los datos del pasado, en tanto que el alma parte del todomomento.

Todomomento es el ahora. Es el único momento que existe. No existe otro momento diferente al todomomento, aunque hemos creado la ilusión contraria. Hemos creado esta ilusión por una razón. La mente cortó el todomomento en fragmentos de información sobre la vida, que se llaman "datos". Los categorizó, porque ése es su trabajo; toma datos de lo que experimenta como algo a lo que llama "ahora" y los almacena en su memoria siguiendo ciertos criterios lo que es bastante efectivo y eficiente, a excepción de que tiene un panorama muy estrecho del "ahora". Su perspectiva resulta extraordinariamente limitada. Así es su diseño. Si tu mente tomara todos los datos de todo de manera simultánea, y tratara de procesarlos a un tiempo, no te harían sentido, pues tener demasiados datos es peor que no contar con ninguno, cualquiera que haya ido a un restaurante con un menú que contiene 101 artículos conoce con exactitud esta experiencia.

Para considerar los datos de todomomento y darles utilidad, pensando en que estás aquí para hacer algo, a lo que pasaremos después, es necesario hacerlo uno por uno.

Lo puedes hacer con rapidez (de hecho, muy rápido), pero tiene que ser en secuencia. Es decir, punto por punto. Y al hacerlo, pueden no considerarse todos los datos, sino separar algunos, para que cada punto se considere en y por sí mismo. Ésta es la razón por la que la mente asume voluntariamente una perspectiva limitada.

Ejerces algo así en la vida práctica. Si llega un momento en el que te sientes "abrumado", es probable que le señales a quienes se encuentran a tu alrededor: "¡Un momento, un momento! Vamos uno por uno". Tu mente hace eso automáticamente. Por tanto, su perspectiva no incluye el todo de las cosas que tiene que considerar, sino sólo una porción de él. Una vez más, esto obedece a un diseño.

Tu mente es un mecanismo maravilloso, como ya expliqué, y es importante que entiendas cómo funciona de manera que trabaje para ti y no en tu contra.

Ahora, el hecho de que tu mente cuente con una perspectiva limitada no significa que tú también. Así sería si sólo fueras tu mente. Pero eres más que eso. Y éste es el meollo de todo el asunto que me trajo a tu vida para explicártelo ahora.

Eres más que tu mente. También eres alma. De hecho, ésa es la mayor parte de ti. No quiero que pienses que te estoy acusando de tener una mente pequeña (ja-ja), pero, de hecho, tu mente es el aspecto más pequeño de tu Yo individualizado.

Su perspectiva, para enfatizar, es muy, muy limitada. El impacto de su limitación te quedará claro muy pronto.

El alma, por otro lado, no está limitada en su percepción. Sabe todo, ve todo, entiende todo y tiene todo lo que la entidad viva que eres desearía tener. Tiene todo esto porque es todo esto. Tiene amor porque es amor. Tiene paz porque es paz. Tiene armonía porque es armonía. Tiene sinergía porque es sinergía. Tiene expresión gloriosa porque es expresión gloriosa. Tiene todo esto y más. Sólo hay algo que no tiene. No tiene la experiencia de esos elementos.

Aquí es donde entra el resto de ti.

Nos acercamos a la esencia. Estamos llegando al sistema del alma y la manera en que funciona.

El alma funciona con un sistema de intercambio de energía sinergística (abreviado: I.E.S.). La vida funciona con ese sistema que también la crea. La energía que se transfiere, se transforma. Después se convierte en energía en formación. La mente separa esta información de energía como lo describí antes, en fragmentos de datos.

En esta conversación generé el término todomomento porque necesitaba una palabra más extensa que ahora. Todomomento contiene más de lo que la mente define como Ahora. Todomomento contiene lo que el alma llama ahora, que en términos del alma incluye "ayer" "hoy" y "mañana".

Así que la mente puede reunir todos los datos que nos presenta "hoy". Y puede recordar en un instante todos los datos que tiene almacenados en cuanto al "ayer". Pero lo que no puede hacer es reunir datos sobre lo que ella misma designa como "mañana"; si así fuera, se daría cuenta de que ayer, hoy y mañana son en realidad siempre. La incapacidad de la mente para ver el "futuro" como parte del "ahora" constituye la razón por la que decimos que tiene una perspectiva muy limitada.

El sistema del alma es un sistema por medio del cual el aspecto individualizado de la divinidad que se conoce como Tú puede apartarse de la verdad aparente —con base en la perspectiva limitada de la mente, para ver la verdad real que se basa en el punto de vista ilimitado del alma— durante un lapso lo suficientemente breve como para no "desentrañar" el misterio de la mente, pero suficientemente prolongado como para abrirla a una perspectiva, más amplia.

Todos hemos tenido "momentos de inspiración", como instantes fugaces de estado total de alerta, percepciones instantáneas de "el todo". En esos momentos se corre un velo y cambiamos con gran facilidad de la verdad aparente a la verdad real. Estos instantes se presentan con el fin de que la mente sepa que hay más datos de los que pueda tener conciencia; información desconocida y no experimentada sobre la vida.

En realidad no es que se desconozca o no se haya experimentado, sino que sólo se ha olvidado. La función de la mente es ayudarte a recordar todo lo que ya sabes pero no demasiado rápido, porque "te volverías loco". De nada serviría, pues necesitas tanto la mente como el alma para pasar por la vida de manera que se cumpla tu razón para estar aquí.

Al permitir que tu mente recuerde fragmentos de la verdad real que no has experimentado en esta vida, porque no los guardas, el alma te ayuda cuando no entiendes ni disfrutas. Te da la habilidad de elevar tu experiencia de la realidad distorsionada a la realidad observable, y aún más arriba, hasta la realidad final.

Debes saber que es maravilloso encontrarse incluso en la realidad observable, la mayoría no llega allí con frecuencia, y si lo hace no logra permanecer lapsos prolongados. Vivir en la realidad observable constituye, al parecer, un estado elevado del ser. En este estado no distorsionamos nada, sino que vemos todo exactamente como es en términos humanos. Esto nos retira, la mayor parte del tiempo, del miedo.

El movimiento de la realidad imaginada a la realidad observable es muy grande. El movimiento de la realidad observable a la realidad final suele ser mucho más corto. Cuando tu conciencia reside en la realidad final, la perspectiva limitada de tu mente se expande de manera increíble.

En sentido literal, se expande más allá de lo que pudiera creerse, hasta un lugar donde creer no es necesario porque se sustituye por el conocimiento absoluto. La pregunta es: ¿Cuánto tiempo puedes permanecer en esta perspectiva y seguir funcionando en tu vida diaria como te corresponde hacerlo para lograr tu objetivo? Los que lo hacen están "en este mundo, pero no son de este mundo". Los vemos como maestros. Los reconocemos como avatares. Intentamos seguir su ejemplo. Pero hasta hoy no sabíamos qué hacían, mucho menos cómo lo hacían. De eso trata esta conversación.

Ahora las cosas serán diferentes

Ahora las cosas serán diferentes, ya sabes.
No que la nieve cubra las montañas en junio.
No que "la helada llegue antes" o "dure más".
El tipo de diferencia que tiñe el alma.
Que deja al inocente polveado
con los nuevos colores de Dios.
En cuanto ves a profundidad

y te ven a profundidad
sabe que
nada
ha sido jamás, jamás lo que parecía.
Que tu propio reflejo es
todos los Cristos, todas las diosas, todos los budas, y
brahmanes
dicho más fácil: el corazón de todos.

El viaje eterno del alma

PARA QUE PUEDAS cambiar tu idea en cuanto a la causa del cambio tendrás que transformar tu percepción de quién eres, dónde estás, por qué, y qué haces aquí.

Estas ideas han rondado hasta ahora nuestra conversación. Constituyen lo que llamo las cuatro preguntas fundamentales de la vida. La mayoría de la gente no se las formula, no se las responde. Las considero fundamentales para llevar una vida feliz y satisfactoria, pues las respuestas pueden cambiar tu perspectiva drásticamente.

También es importante saber que no existen respuestas únicas y "correctas"; es decir, que de cualquier manera, tus respuestas serán correctas. En un mundo donde la "realidad" se crea y no se observa, resulta verdad por definición que todos tienen razón.

Acabo de tocar varios puntos importantes. ¿Me permites revisarlos y profundizar en ellos?

Dije que existen cuatro preguntas básicas que todos deberíamos plantearnos para tener una vida llena de significado.

Dije que independientemente de cómo las conteste cada uno, su vida cobrará sentido después de hacerlo. Inferí que eso se debe a que la realidad se crea y no se observa. Por último, dije que todos tienen razón en todo.

Todas estas afirmaciones tienen que ver con un elemento: la perspectiva. Y en cuestión de cambiar todo cuando todo cambia, la perspectiva es clave.

Creo que este mensaje es el más importante del libro. De hecho, tal vez sea el único mensaje que contenga. En verdad, toda la conversación que hemos sostenido podría reducirse a una frase:

La perspectiva es todo

Si esto es verdad y si queremos cambiar todo en cuanto a la manera en que experimentamos el cambio en nuestra vida, la pregunta principal: ¿Cómo creamos, y luego modificamos, nuestra perspectiva? Este libro ha sido un intento de responder esa pregunta, primero a través de la exploración de la mecánica de la mente, y ahora con la observación profunda del sistema del alma (y el viaje en el que se ha embarcado ésta).

Los asuntos del alma y de la mente se han visto por separado por demasiado tiempo. Muchas, muchísimas personas sienten que el mundo de nuestra realidad física es una cosa y el de nuestra realidad espiritual otra, algo similar a la separación entre Iglesia y Estado. Pero en un mundo en donde todo cambia con tanta rapidez alrededor, no se puede permanecer con ese enfoque fragmentado para enfrentarse a la vida.

Dije: "Cuando todo cambia, cambia todo". Dije que si vamos a negociar nuestro futuro que cambia rápidamente, debemos transformar la manera en que experimentamos el cambio mismo.

Lo que digo ahora es que para lograrlo debemos adoptar una postura integradora para vivir. Es decir, debemos comprender, y funcionar a partir de la comprensión que nuestra vibración espiritual, inspiración y experiencia, no tienen menos importancia para la expresión de la vida aquí y ahora que nuestra vibración mental, inspiración y experiencia; que lo espiritual y lo mental, de hecho, no están separados, sino que actúan en conjunto al que denomino el "ser total que eres", y que la única razón por la que no experimentamos esto (si así es) es que no sabemos nada al respecto. Nadie le dedicó tiempo, en nuestra educación o más adelante, para decirnos qué es realmente lo que sucede aquí.

Esta afirmación es devastadora y, de hecho, no es verdad. Muchas personas le han dedicado tiempo a explicarle a la humanidad las complejidades de la vida. Soy yo (y quizá tú) quien no se ha dado tiempo para escuchar. Pero ahora ambos escuchamos, porque los eventos nos lo exigen. Las circunstancias diarias de nuestra existencia nos han llevado a buscar respuestas y posturas que puedan hacer nuestra vida más funcional, más jubilosa, con mayores recompensas y, francamente, nada más que darle mayor sentido. De ese modo llegamos a una explicación nueva y contemporánea. Yo llego a esa explicación y tú también, y ambos somos bienvenidos.

Tal vez sea un buen momento para que te diga cómo llegué aquí, a esta información, para que tengas mayor contexto y consideres lo que he compartido contigo.

Quizá tengas conciencia de que he escrito una serie de libros con el título *Conversaciones con Dios*. Estos textos se basan en mi experiencia de haber recibido datos de una fuente más allá de la mente.

A esta fuente le llamo "Dios" porque creo que existe un Dios, y que cuando se comunica con nosotros, lo hace de muchas maneras, ninguna de ellas por conversación/inspiración/explicación/revelación directas.

La experiencia que tuve fue tan extraordinaria que la escribí en una trilogía. Luego me di cuenta que no podía dejar de escribir, porque el flujo de "lo que recibía" no paraba, y quería compartirlo. Seis libros le sucedieron a los tres originales. De esos nueve, seis estuvieron en la lista de los libros más vendidos del *New York Times*, el primero, apareció en la lista 135 semanas.

No es presunción, comparto que casi ocho millones de personas han visto este material, en treinta y siete lenguas diferentes, lo que significa que una gran cantidad de seres humanos se está abriendo a maneras alternas de conceptualizar la vida, experimentar, expresar, y crear su realidad actual. Como ven, el material de *Conversaciones con Dios* no pretende abrir a la gente a mi verdad, sino abrirla a su propia verdad. También se los digo para que sepan que no están "locos" al revisar con seriedad su vida de la manera en que lo hacemos aquí, varios millones de personas lo han hecho; tampoco, por ningún motivo, tienen que atravesar solos los cambios y los retos de la vida.

Hoy, quince años después de mi primera experiencia dramática de Dios, como presencia real en mi vida, sigo teniendo destellos de percepción, constantes lapsos de conciencia y atisbos de "el todo" que siguen materializándose. Lo que estos atisbos muestran es que los mismos atisbos se les ofrecen a todos.

Todos.

No es que uno de nosotros sea más "privilegiado" o "especial" o "santo" o "capaz" que el resto para acceder al conocimiento y a la conexión directa con lo divino. No hay elegido. Todos somos capaces, todos somos elegidos y la pregunta no es: ¿Con quién habla Dios?, sino, ¿quién escucha?

Dicho esto, quiero agregar que el hecho de escuchar no significa que estemos oyendo y comprendiendo sostener una conversación constante con Dios no significa entender todo, ni interpretar todo el tiempo sin error, la información a la que uno logró acceder.

En mi caso nunca he declarado, ni afirmaría, que los mensajes que publiqué son infalibles o que constituyen la "verdad de Dios". Sólo pudo declarar que he realizado un gran esfuerzo para transmitirlos, que incluso en el estado imperfecto en que los entendí y expresé, me han aportado un gran beneficio y un mayor estado de alerta y una experiencia de la vida maravillosamente más amplia. Así, al compartir estos mensajes públicamente los invito (en realidad los aliento) a ubicarlos en el "departamento de lo que vale la pena" y volverse hacia adentro para prestarle atención a la voz de su conciencia.

De hecho, si mi experiencia de conversación con Dios ha servido de algo, espero que haya logrado que más y más personas accedan a la fuente de sabiduría y verdad que se encuentra en su interior; con esto como contexto, quiero invitarte a que veas "algo" más para el departamento de lo que vale la pena, es decir, las cuatro preguntas fundamentales de la vida, creo que es la exploración más importante que haya emprendido.

Pero antes, parece que es buen momento para un:

Espacio para respirar

Cuando estés listo, continúa con. . .

Tus respuestas, por favor

Mi vida cambió de dirección radicalmente cuando contesté estas preguntas:

1. ¿Quién soy?
2. ¿Dónde estoy?
3. ¿Por qué estoy donde estoy?
4. ¿Qué hago aquí?

De hecho, yo no las respondí, me las formulé, accedí a la fuente interior para ello. Estas son las respuestas que recibí:

1. Eres una individualización de la divinidad. Existe únicamente una cosa y todo es parte de una cosa que es la vida es Dios, expresándose a sí mismo. Tú eres parte de la vida, por tanto, eres parte de Dios. La única manera de que esto no fuera cierto, sería que la vida y Dios estuvieran separados de alguna manera, lo que es imposible.

2. Te encuentras en el terreno de lo físico que es parte de lo que has llamado cielo. Lo triste es que no piensas que estás en el cielo, por lo que tu realidad imaginada es que tienes que llegar a él. De hecho, no tienes que hacer nada, no tienes que ser nada y no tienes que ir a ningún lado para experimentar el paraíso. Mira sólo hacia arriba en una noche estrellada, o ve la espuma del mar, o el perfil de la ciudad al amanecer o al anochecer o, igualmente, ve a los ojos a la persona amada.

Estás en el cielo y le das otro nombre, y actúas como si estuvieras en otro lado.

El terreno de lo físico es uno de los terrenos del trinos de realidad a la que has dado varios nombres, entre ellos cielo, paraíso, nirvana, vida después de la vida, reino de Dios, etc., los otros dos son: el terreno de lo espiritual y el terreno de lo espirísico, el punto medio entre el primero y el segundo; imagínalos como un 8 acostado.

Lado izquierdo
TERRENO DE LO
ESPIRITUAL

Lado derecho
TERRENO DE LO
FÍSICO

El ser total que eres está en un viaje eterno del terreno de lo espiritual hacia el terreno de lo físico y regresa. El terreno de lo espirísico es el punto donde se cruzan ambos.

Esta ilustración se me dio como una visualización sencilla para ayudar a mi mente a captar los datos que no pueden visualizarse de hecho, por quedar fuera de la experiencia humana. El número 8 acostado (no por coincidencia) es el símbolo internacional de infinito.

En el terreno de lo espiritual todo existe en forma absoluta, en tanto que en el terreno de lo físico la existencia sucede en forma relativa. En el terreno de lo espiritual todas las cosas son absolutamente lo que son. En el terreno de lo físico una cosa es lo que es en relación con otras cosas que no son lo que es.

Por tanto, grande y pequeño no existen en el terreno de lo espiritual, sino únicamente en el terreno de lo físico. Lo mismo sucede con aquí y allá, que no existen en el terreno de lo espiritual, sino sólo en el terreno de lo físico. Lo mismo que ahora y luego, rápido y lento, masculino y femenino, arriba y abajo, luz y oscuridad, bien y mal, amor y miedo, nada de esto habita el terreno de lo espiritual.

En el terreno de lo espiritual siempre es aquí y ahora y sólo existe luz y amor. Por lo que podríamos darle otro nombre a estos terrenos, llamándolos. . .

Lado izquierdo
TERRENO DE LO
ABSOLUTO

Lado derecho
TERRENO DE LO
RELATIVO

En el terreno de lo absoluto sabes absolutamente todo y lo sabes absolutamente. Pero no puedes experimentar lo que sabes porque no hay nada más. Por ejemplo, puedes saber que eres amor, pero no puedes experimentarte a ti mismo como amor, porque no hay nada que no sea amor.

Puedes saber que eres luz, pero no puedes experimentarte a ti mismo como luz, porque no hay nada más que la luz.

Puedes saber que eres bien, pero no puedes experimentarte a ti mismo como bien, puesto que el mal no existe.

La fórmula es:

En ausencia de eso que tú no eres, lo que sí eres no es

Es decir, no puede hacerse real en tu experiencia. Puedes conocerte a ti mismo conceptualmente, pero no puedes conocerte a ti mismo experimentalmente. Puedes concebirte a ti mismo de una manera particular, pero no puedes experimentarte a ti mismo siendo de esa manera porque no hay nada más que eso que eres.

Luego, es aquí donde radica la interrogante de Dios: ¿Cómo puede Dios experimentarse a sí mismo? No siendo Dios.

A menos que no fuera Dios, es decir, no la totalidad de sí mismo, Dios podría entender su propia magnificencia, pero Dios no podría experimentarse a sí mismo siendo eso. Una vez más. . . ¿por qué? Porque no hay nada más que "magnificencia" en el terreno de lo absoluto. Dios podría entenderse a sí mismo como enorme, infinito y atemporal, pero estos conceptos no tendrían significado puesto que no habría nada que no fuera "enorme" "infinito" y "atemporal". Dios podría entenderse a sí mismo como todo poderoso, pero su poder no podría experimentarse en un ambiente en el que no existe nada más que el poder absoluto en igual medida.

Como deseaba conocerse a sí mismo experimental y conceptualmente, creó un lugar en el reino o, si lo deseas, en la realidad final, en donde todo lo que es pueda experimentarse y saberse.

Dios hizo esto dividiéndose a sí mismo en millones de millones de partes diferentes, o aspectos, de diferente tamaño y forma, color y textura, velocidad y sonido y nivel de visibilidad e invisibilidad. Entonces cada parte del todo; es decir, todo aspecto individualizado de la divinidad, pudo mirar hacia el todo del que surgió y decir: "¡Dios mío, qué magnífico eres!" Sólo se necesitaría que ese aspecto en especial tuviera suficiente conciencia, estado de alerta de sí mismo para hacerlo.

Y así, después de dividirse a sí mismo en millones de millones de partes individuales, Dios sólo tenía que imbuirle a algunas de esas partes suficiente conciencia para reconocer; re-conocer o "volver a conocer", la divinidad al observarla. No todos los seres humanos se han elevado a ese nivel de conciencia. Dios ubicó en su lugar un sistema por medio del cual las individualizaciones de sí mismo pudieran elevarse a ese nivel, y ese sistema se llamó evolución.

Éste es el sistema del alma.

Ya conoces la mecánica de la mente y el sistema del alma. Sin embargo, hay más que aprender sobre él. Vemos entonces que en el terreno de lo absoluto, también conocido como terreno de la espiritualidad es donde tiene lugar el conocimiento de todo, y que en el terreno de lo relativo, terreno de lo físico, es donde tiene lugar toda la EXPERIENCIA. Podría decirse entonces que las almas vienen a la Tierra para adquirir un mundo de experiencia.

Por tanto, podríamos darle a los terrenos del reino de Dios otro nombre. . .

Lado izquierdo
EL TERRENO DEL
CONOCIMIENTO

Lado Derecho
EL TERRENO DE
LA EXPERIENCIA

Cualquiera de los nombres que elijas será correcto; de hecho, son intercambiables y se nos han dado para que podamos ver la realidad final de la manera en que nos haga mayor sentido, para permitirnos entender lo incomprensible.

Pero se dijo que existe un tercer terreno en el reino, o en la realidad final, ¿recuerdas? Dijimos, primero, que existe el terreno de lo espiritual, el terreno de lo físico y, en el punto de cruce de los dos, el terreno de lo espirísico.

Espirísico, naturalmente, es una palabra que inventé, porque no existe en lengua humana una palabra que indique qué es este terreno. No se trata de un lugar en donde se combinen ambos, sino del espacio de donde surgen. Es difícil describir en palabras la naturaleza exacta de este terreno, pero si pasamos a nuestro tercer grupo de nombres quizá nos acerquemos.

En nuestro tercer grupo de nombres le llamamos a los terrenos del reino de Dios: terreno del conocimiento y terreno de la experiencia. El tercer terreno, punto de cruce, es terreno del ser, y se ubica en la parte más delgada del número ocho, es lo que experimentas cuando cruzas. Es decir, cuando te cambias del terreno de lo físico al terreno de lo espiritual. Este terreno intermedio es donde está el ser puro.

¿Sí? ¿Lo estás entendiendo? ¿Contemplas una panorama mayor?

Pero podrías preguntar: "¿Qué es eso? ¿Qué es el ser puro?", mi respuesta es que en el espacio del ser puro existe tanto el conocimiento como la experiencia. Quien realmente eres. Conocimiento y experiencia simultáneos es la experiencia que anhela Dios. Es el mayor gozo de Dios. Es la maravilla de la divinidad, conocida en pleno y expresada en pleno. Es el nirvana, es la bendición, el cielo.

Pero el cielo no se limita a esto. Todo el proceso es el cielo, y la maravilla del proceso es que el ser total que eres puede encontrarse en el nirvana, la bendición y el gozo absoluto en cualquier punto del proceso. El punto de cruce se creó sólo para asegurar que ningún aspecto individualizado de la divinidad quedara sin sentir, sino más bien que tuviera garantizados el nirvana, la bendición y el gozo absoluto.

Eso es lo que experimentas cuando "cruzas" en el momento de tu "muerte", que realmente no existe, y en el momento de tu renacimiento tu próxima re-entrada al terreno de lo físico.

Como ves, la realidad última constituye de hecho un círculo. Un todo redondo. La energía de la vida viaja en este círculo, a través de toda la eternidad. Es el ciclo de la vida. Al principio, Dios ERA este círculo, en su lugar COMO el círculo, completo. Cuando Dios se individualizó a sí mismo, mandó a los aspectos individuales de la Divinidad a recorrer el círculo. Estos fragmentos y partes de Dios infinitesimales, viajaron con tal velocidad que parecían estar en todos lados un tiempo. Como una rueda que gira tan rápido que parece un círculo sólido que no se mueve, también de ese modo el ciclo de la vida repitió la omnipresencia eterna de dios en la apariencia de una creación sólida donde en realidad había partes en movimiento.

Al dividirse así misma en millones de millones de fragmentos, cada uno pudo mirar hacia el todo sin contar súbitamente con un contexto para considerar dentro de él esta magnificencia, y conocer así a Dios. Pero, ¿cómo podría cada uno de los aspectos individualizados conocerse también a sí mismo como Dios? ¡Eso es lo importante! Dado que cada individualización corrió por todo el ciclo de la vida, ¿cómo podría saber qué era realmente? ¿Viendo el resto del todo podría saber que ERA el resto de todo, en una parte singular?

Para saber esto, el aspecto individualizado tendría también que tener la experiencia del profundo gozo que ya era de Dios, porque Dios, a través del ciclo de la vida, se conocía ya y se experimentaba a sí mismo simultáneamente, y eso de hecho era una bendición. Pero, ¿cómo podía garantizarse que cada individualización se desplazaría también hacia la bendición? Para asegurarlos, ¡el círculo que es Dios se giró a sí mismo para formar el número ocho, razonando que si en un punto ambos lados del círculo podían tocarse, entonces la totalidad de ser Dios podía conocerse y experimentarse en ese punto con cada una de las Individualizaciones!

¿Entendiste? ¿Puedes verlo ahora?

Cada aspecto individualizado de la divinidad al hacer su recorrido a través del círculo infinito de la vida puede conocer y experimentar el todo a manera de quien realmente es en cualquier lugar; puedes hacerlo ahora, en cualquier momento de tu vida presente. Hay otros que lo han hecho. Los maestros lo han hecho. Los maestros se llaman "maestros" porque se han conocido a sí mismos como Dios.

Algunos de ellos incluso se han llamado así. Pero, cuando te llamas a ti mismo divino mientras viajas con los que no se conciben así, pueden sentirse ofendidos. Hasta pueden crucificarte. Con toda seguridad se apartarán de ti, a pesar de que anhelen la experiencia que estás demostrando.

¿Entiendes? ¿Ves ahora?

Cuando alcances el punto de cruce en tu ciclo de vida, conocerás la bendición y el gozo de ser la totalidad de quien eres y harás mucho más. Decidirás cómo quieres expandirte, y elegirás lo que quieres saber después, experimentar y ser, porque la vida es un proceso continuo de recreación del Yo.

¡Eso es lo que te depara Dios!

Dios está haciendo esto a través de la reforma y la transformación de todos los aspectos de Sí mismo, uno por uno. De hecho, tú estás haciendo lo mismo exactamente durante cada paso de terreno a terreno en el eterno viaje del alma. Sólo que no eres consciente. Cuando lo sabes cuando conoces quién eres, dónde estás y por qué estás aquí, evolucionas en tu conciencia lo suficiente para hacer el trabajo de Dios, y no sólo lo que parece ser tarea humana.

Esto es lo que quise decir todo el tiempo mientras te hablaba sobre la diferencia entre la verdad aparente y la verdad real. Lo que nos lleva a las respuestas de las preguntas fundamentales 3 y 4.

Estás donde estás porque en el terreno de lo espiritual puedes saber absolutamente quién eres, pero no puedes experimentarlo en términos relativos. De tal modo, te aventuras hacia el terreno de lo físico para ganar un "mundo de experiencia". Allí, usas las herramientas e instrumentos, que incluyen tu propio cuerpo, para darte la experiencia de lo que hayas decidido, en el terreno de lo espirísico, en cuanto a lo que deseas ser, y que después llegas a conocer como a tu Yo en el terreno de lo espiritual.

La creación y re-creación del Yo es un proceso de tres pasos: conocer, saber, experimentar. No puedes experimentar lo que no sabes, y no puedes saber lo que no eliges saber. Esto en realidad es muy sencillo, y el modelo cuenta con un diseño elegante.

Éste es el sistema del Alma. Es: quién eres, dónde estás, por qué estás allí y para qué.

Yo soy el que soy

Yo soy el que soy
y mucho más:
la luz, el sonido,
la vida de Dios en la Tierra.

Podría mostrarte todas las plumas del ala.
Todos los colores y matices.
Todas las cosas bellas.
Pero, yo soy el que soy,
quiere
AMAR,
quien no lo tenga lo tuvo.
Lo que no lo tenga lo conoce.
Quien no la vida no lo ha hecho.

Hay aún tanto amor
que encontrar,
sólo
Dios vivo en la Tierra.

Em Claire

El poder de la perspectiva

TODO LO QUE ACABO de decir es, naturalmente, mi perspectiva. En verdad, obtuve esta perspectiva de mis conversaciones con Dios, lo que no la hace más válida que la perspectiva de otro. Tu conversación, cuando visitas el lugar de la sabiduría dentro de ti, puede producir una perspectiva completamente diferente.

¿Cómo es posible si sólo existe una verdad? Lo es porque no existe sólo una verdad. Toda verdad es subjetiva. La verdad no se descubre, se crea. No se observa, se produce.

La física cuántica nos dice que nada de lo que se observa es ajeno a que el observador lo afecte. Esa afirmación, que parte de la ciencia, contiene una enorme y poderosa percepción. Significa que cada quien ve una verdad diferente, porque cada quien está creando lo que ve.

¡Ay!

Mantén eso en tu conciencia un momento. Ay.

De hecho, permíteme que repita, para que se imprima en ti La ciencia, no la espiritualidad, dice:

Nada de lo que se observa es ajeno a que el observador lo afecte

Dicho de otro modo: el lugar desde donde ves determina qué ves.

Al parecer Dios está creando la experiencia de Dios de la condición de Dios, en la Individualización una por una. De manera que no hay "respuesta correcta" a las cuatro preguntas fundamentales de la vida. Existe sólo una respuesta. Dicho esto, permíteme agregar que creo firmemente que alguna respuesta debe darse si buscamos vivir una vida que nos alimente, recompense, nos lleve a algún lugar y nos proporcione el equipo para llegar a él por medio de transformar cualquier aspecto de la vida que ya no sea jubiloso, incluyendo tu experiencia del cambio mismo.

Una de las bellezas de la vida es que no todos tenemos que dar las mismas respuestas a las preguntas más importantes de la vida, sino que tampoco tenemos que apegarnos a las respuestas dadas; podemos cambiar nuestro pensamiento en cualquier momento que lo deseemos.

Si cuando todo se transforma deseas cambiar todo, lo primero que debes cambiar es tu idea en cuanto a la causa del cambio, es la actitud 6, y sucede para modificar la vida y desviar la realidad.

Mi idea es que el cambio sucede por quién eres y por qué estás aquí; es decir, porque quieres que suceda, y lo afirmo porque continuamente estás eligiendo personas, lugares y condiciones con las que puedes experimentar lo que deseas para avanzar en el proceso de la evolución de tu alma.

Digo que tu vida sobre la Tierra tiene que ver con mucho más de lo que nunca soñaste. Tiene que ver con decidir, crear, expresar y experimentar quién realmente eres, contrario a quién piensas que eres, con recrearte a ti mismo en cada momento del ahora para construir la próxima versión de la mayor visión que tuviste al respecto.

Sostengo que tienes el poder de hacerlo por quien eres, porque eres un aspecto individualizado de la propia divinidad, y tienes la habilidad de crear tu propia experiencia de vida y, por tanto, tu realidad.

Estoy diciendo que tienes la oportunidad de hacerlo todos los días de tu vida valiéndote de la mecánica de la mente para decidir de qué manera respondes y experimentar cualquier cosa que te suceda, mientras usas el sistema del alma para elegir una perspectiva y responder.

Por esto, afirmo que la perspectiva es todo.

Afirmo que sólo el sistema del alma puede ser totalmente efectivo para crear tu perspectiva, porque sólo tu alma sabe todo en cuanto al ahora, y sobre todos los momentos de la vida, porque abarca todos los momentos del tiempo.

Estoy diciendo que la mente no puede ver el momento presente con un estado de alerta expandido, porque la mente se limita a datos del pasado cuando analiza el momento presente, e independientemente de su esfuerzo, no puede salir de esa caja, aunque puedes poner en esa caja los datos nuevos de una perspectiva mayor. Eso haces ahora mismo, al leer este libro.

Digo que el trabajo del alma es darle a la mente datos adicionales, y que la parte de ti que es divina, ¡es desvergonzada! Usará cualquier recurso, cualquier herramienta, cualquier evento, cualquier persona, cualquier cosa que sea necesaria para despertarte, y sólo el alma sabe qué aspecto de la divinidad diseñó el momento presente para brindarte la oportunidad de expresarlo.

Te digo que si usas sólo la mente sin que colabore el alma, para responder a los eventos diarios, partirás en dos la línea de la causalidad, limitando de manera severa tu habilidad para responder de un modo que te revele quién eres realmente, para no mencionar tu habilidad de avanzar hacia quién deseas ser.

Recordarás que expliqué que la mente cuenta con una perspectiva muy limitada. Esto sucede, espero que haya quedado claro, por diseño. No se trata de un *handicap*, sino de un esquema elegante, que le permite a un dispositivo físico limitado (el cerebro) comprender la expresión metafísica ilimitada que constituye la realidad final.

Tu mente limitada maneja un fragmento de datos a la vez. Si tomara todos los datos sobre toda la vida todo el tiempo, no los procesaría con precisión, y sin duda se juzgaría que, en sentido clínico, careces de razón. Por eso, para que la mente se vuelva una herramienta útil, el ser total que eres se ha asegurado de que todo lo que sabe y entiende, entre a la mente en fragmentos.

Muy bien, hay mucho que absorber. Antes de darte más "fragmentos" de datos, quizá podríamos detenernos y tener:

Espacio para respirar

Bueno. Ahora, cuando estés listo, pasemos a. . .

Aumentar la línea de causalidad

Me he estado refiriendo a una nueva identidad, y me pregunto si la han comprendido. Me he referido varias veces al ser total que eres como si fuera una identidad por sí misma, y en cierto sentido lo es. Esto es algo que debes saber, puesto que este estado de alerta se encuentra en el núcleo de cómo cambiar todo cuando todo cambia.

El ser total que eres es tanto la mente como el alma, y el cuerpo. Es el ser de tres partes que tú eres hoy, que siempre has sido y siempre serás. Cuerpo, mente y espíritu constituyen un triunvirato. Es la Santísima Trinidad. Eres Tú, con T mayúscula.

Aquí está otro grupo de datos sobre cómo cambiar todo: el proceso de la vida no tiene nada que ver con el aprendizaje.

Ya sé, ya sé. . . todo el mundo dice que la "vida es una escuela". Bueno, quizá lo sea, pero no el tipo de escuela en donde se intenta aprender algo que no sabemos. En esta escuela tienes la oportunidad de recordar lo que ya sabes.

En el sentido más estricto no puedes aprender absolutamente nada, puesto que llegaste aquí (a la vida física) sabiendo todo lo que necesitabas saber para hacer lo que viniste a hacer. De modo que la tarea de tu mente es crear experiencias que te permitan "recordar" lo que viniste a recordar, para que puedas experimentar lo que viniste a experimentar, y la parte de tu ser total a la que llamo tu alma, es cocreadora de esta experiencia junto con tu mente y tu cuerpo, pues incluye a la mente para que se manifiesten las personas, los lugares y las condiciones perfectas que permitirán que hagas lo que viniste a hacer en la vida física: evolucionar.

El alma también trabaja con el cuerpo y la mente para que sepas lo que está haciendo y cómo. Sirve de guía, indicadora de dirección, ayudante, asistente y conexión con lo divino.

Tu alma es tu conexión con Dios.

Dios es tu alma, con toda claridad. De modo que tu alma es una parte pequeña de Dios conectada con la Totalidad de Dios. El alma sabe exactamente a dónde necesita ir tu mente para recordar lo que necesita recordar mientras tu ser total prosigue en el camino que llamamos evolución.

¿Por qué supones que estás leyendo este libro?

Dije que iba a explorar contigo como la perspectiva limitada de la mente impacta tu realidad, y la razón por lo que es muy sabio pasar algún tiempo todos los días en comunión con tu alma, para que el alma y la mente recorran juntas el camino de la vida diaria.

Ahora ya lo sabes. Ahora ya lo entiendes. Es vital pasar algún tiempo diario conectado de alguna manera con tu alma, para poder usar el sistema del alma, puesto que el alma le da a la mente una mayor perspectiva y la perspectiva tiene un gran poder. Constituye, de hecho, el elemento más poderoso en el proceso de creación de la realidad.

Me pregunto si en realidad escuchaste, si te causó algún impacto. Hemos dicho tanto y tan rápido, que a veces es fácil perder el matiz de las cosas. Permíteme repetirlo:

La perspectiva es el elemento más poderoso en el proceso de creación de la realidad.

Sí, lo he planteado varias veces, hasta recuerdo aquella vieja canción que dice: "Dame un beso y dame dos y vuélveme

a besar. Ha pasado mucho, mucho tiempo" y quiero cambiarla a la canción del alma, quedaría: "Dime una vez y dímelo dos
y vuélvelo a decir. Ha pasado mucho, mucho tiempo".

Ha pasado mucho tiempo desde que estuviste en estado
total de alerta en cuanto a quién y por qué eres. Ha pasado
mucho tiempo desde que estabas en aquel lugar del conocimiento absoluto. Han pasado años y años de tiempo terrenal.
Por eso te digo las cosas una, dos, tres veces y una más, porque
llegó la hora de que entiendas todo. Es decir, de que te inte-
gres al cuerpo de Dios, recordando en el proceso que es tu
lugar.

Esto se logra elevando tu conciencia, expandiendo tu estado de alerta y despertando la mente, con un conjunto de
datos a la vez. ¿Cómo? Sigue leyendo. Te lo diré. Pero primero, viene aquí el último conjunto de datos, que te presento por tercera vez:

La perspectiva es todo.

Dado que la mente cuenta con una perspectiva muy limitada no te beneficiará insistir en usarla para entender la
vida. Sin embargo es lo que hace la mayoría de la gente. Muy,
muy pocas personas viven la comunión diaria con su alma.
Cuando reflexionan profundamente sobre su vida, dejan de
lado su alma. Y es el alma, no la mente, quien posee la mayor
perspectiva que necesitas para comprender el total de la vida
y cambiarla.

El alma nos dice que la perspectiva crea la percepción, la
percepción crea la fe, la fe crea la conducta, la conducta crea
los eventos, los eventos crean los datos, los datos crean la
verdad, la verdad crea el pensamiento, el pensamiento crea
las emociones, las emociones crean experiencia, y la experiencia crea la realidad.

¿Recuerdan la línea de causalidad? La conociste así:

evento+datos+verdad+pensamiento+emoción
=experiencia=realidad

Ahora quiero decirte que lo que presenté anteriormente fue sólo parte de la línea. No quería llenar ese espacio con demasiados datos a la vez. Sé que cuando recibí estos datos, no hubiera podido ser en una sola entrega. Así no los hubiera "captado", y hubiera dicho: "¡muchísimo, muchísimo! Es demasiado y muy rápido. Ya no quiero seguir".

Como el alma lo sabía, accedí al estado total de alerta sobre la línea de causalidad en dos partes, por lo que te la ofrezco de la misma manera. Espero sea útil. La línea es más prolongada y se ve así:

perspectiva+percepción+fe+conducta+evento+datos+verdad+
pensamiento+emoción=experiencia=realidad

Confío que podrás interpretarla. Lo que muestra la línea de causalidad más larga y completa, es lo que hay antes del evento.

Lo que provoca los eventos de nuestra vida son las conductas de nuestra vida. Y lo que provoca las conductas de nuestra vida son las creencias de nuestra vida. Y lo que provoca las creencias de nuestra vida son las percepciones de nuestra vida. Y lo que provoca las percepciones de nuestra vida son las perspectivas de nuestra vida.

Y aquí es dónde entra el alma.

El alma es la que puede ampliar la perspectiva de la mente más allá de los límites de los datos que alberga hasta el momento. El alma lo puede lograr gracias a su nivel de estado de alerta. El estado de alerta del alma surge del nivel de conciencia del alma. El nivel de conciencia del alma surge del estado de ser del alma. Es decir, uno con todo, todo el tiempo y en todo lugar. Ésta es la verdad real y la realidad final.

Tú puedes experimentar este Estado del Ser, incluso mientras vives en tu cuerpo, por medio de un proceso que deberías usar (existen muchos) y que permite poner a un lado tu mente temporalmente, ubicándote en contacto inmediato con tu alma.

Presentaré la línea de causalidad en vertical, así es realmente. Cuando termines la exploración entenderás todo lo referente a esto. De arriba abajo.

Así es como funciona, éste es el flujo:

Ser

Conciencia

Alerta

Perspectiva

Percepción

Creencia

Comportamiento

Evento

Datos

Verdad

Pensamiento

Emoción

Experiencia

Realidad

Del ser puro fluye la conciencia, de la conciencia fluye la alerta, de la alerta fluye la perspectiva, de la perspectiva fluye la percepción, de la percepción fluye la creencia, de la creencia fluye el comportamiento, del comportamiento fluyen los eventos, de los eventos fluyen los datos, de los datos fluye la verdad, de la verdad fluye el pensamiento, del pensamiento fluye la emoción, de la emoción fluye la experiencia, de la experiencia fluye la realidad.

Naturalmente no existen líneas rectas en el universo. Todo forma una curva sobre sí mismo. Así, esta línea cierra un círculo, y si no se interrumpe su recorrido, el ser llega a la realidad final, puesto que ésa es la realidad de donde surgió

Todo tiene lugar en el mundo físico dentro de un "momento" que llamamos "tiempo". Un reloj puede mostrarnos una serie de estos momentos. Quizá te sea útil pensar en tu alma moviéndose a través de este momento imaginario, trabajando "al ritmo del reloj" para brindarte la experiencia más rica de quién realmente eres.

Cada "hora" del reloj cósmico te retiras un paso del ser, para poder regresar ahí a conocerlo y experimentarlo de nuevo. Por medio del proceso que describen los pasos de este reloj del tiempo, te creas y recreas como un ser totalmente nuevo mientras pasa el "tiempo". Por último, llegarás a la "hora once". Aquí es donde la manera en que "pasaste el tiempo del día" surte su efecto.

Bueno, ahora sigue el "reloj" conmigo. . . si no recuerdas la perspectiva con la que empezaste; es decir, la perspectiva del alma, podrías albergar una percepción que produzca una creencia que dé por resultado una conducta que manifieste un evento, que cree datos que conduzcan a una verdad que genere un pensamiento que se derrame en la emoción que culmine en una experiencia que te haga terminar en la hora once en una realidad distorsionada.

De modo que la cuestión de la hora (por así decirlo) es: ¿Cómo puedes recordar la perspectiva con la que empezaste? La respuesta es: usando el sistema del alma. La mecánica de la mente jamás te llevará ahí, por la sencilla razón de que la información sobre dónde empezaste no se almacena en la mente.

La mente sólo alberga los datos que ha generado desde que tuvo madurez bioquímica suficiente para iniciar las actividades de compilación de datos. Por tanto, los únicos datos almacenados que posee son sobre la aventura física de tu cuerpo (tanto antes como después de nacer, debo agregar). Cualquier otro dato que pueda surgir en tu momento presente de alerta viene o de las células de tu cuerpo, la memoria celular, que describía, o de tu alma, que sabe y entiende todo.

Por eso te recomiendo que entres en ti. Puesto que es como dice *Conversaciones con Dios*: "Si no entras en ti, te sales de ti". Yo he estado en contacto con mi alma, como muchas, muchísimas personas en todo el mundo, que usan una gran variedad de técnicas; más adelante les daré una descripción detallada de cómo puede hacerse, y me ha quedado claro que existe sólo un alma, de la cual forma parte mi alma, y que el sistema del alma tiene una sencilla elegancia.

Esta es la fuente de la que aprendí la razón por la que cambian las cosas. Repito:

El cambio sucede porque quieres que sea, todo lo que cambia, cambia en tu dirección. Lo quieres porque eliges personas, lugares y condiciones perfectas para experimentar lo siguiente mientras avanzas en el proceso de evolución de tu alma.

¿Cómo logra el cambio la evolución? Tu respuesta a los cambios que suceden en tu vida contesta la pregunta.

De manera que así funciona todo: La vida es funcional. Cuando alguna de sus facetas, cualquier persona, lugar o cosa, empieza a alejarse de esta característica, la vida detecta de inmediato la desviación de energía y ubica en su lugar una adaptación que garantiza que la vida siga siendo sustentable. Como la vida se sustenta a sí misma a través de esta forma nueva que cambió, la vida vuelve a ser funcional.

La pequeña parte de la vida (Dios) que eres tú elige que las cosas cambien cuando los cambios que ya (y siempre) están ocurriendo amenazan con producir inestabilidad en el sistema.

Tu alma puede detectar la presencia de inestabilidad en el sistema mucho antes de que tenga efectos. Es su trabajo.

Cuando detecta la presencia de inestabilidad, como un niño que al dar vueltas empieza a ir más lento, el alma despierta a la mente, para que participe luego de manera activa cocreando con ella, y con otras energías del sistema, cualquier tipo de cambio (adaptación) que mantenga las cosas girando a velocidad óptima.

Todo esto es la razón por la que dije: la vida es un proceso que informa sobre la vida a través del proceso de la vida misma.

Eres quien dices que eres y tu experiencia es la que dices que es.

Quizá éste sea uno de los más grandes secretos de la vida.

La actitud 6 se refiere a cambiar tu idea en cuanto a las causas del cambio. Te invita a asumir una noción nueva: que los cambios de la vida ni son arbitrarios ni carecen de sentido o razón, sino que constituyen ajustes complejos de un sistema muy avanzado, el sistema del alma.

Como ves, tu alma tiene una misión aquí. No fue de pronto que apareció en la Tierra, ni se puso sola, sin ningún propósito o razón, función o determinación. El alma sabe exactamente lo que hace, y tu mente y tu cuerpo y la vida física que te rodea son las herramientas de las que se vale para hacerlo, igual que todas las almas.

Gracia inexorable

La vida conspira para bendecirnos con una
gracia inexorable.
Quién de nosotros no ha sido tocado por esta mano ge-
nerosa,
nos libera ¿una o más capas a la vez?,
eres el afortunado que conoció la aniquilación
y después la absorción de vuelta al amor
que buscamos.
Eres quien sabe que aún cuando el alma llora
le da a tu pecho todo el universo,
tiembla de Amor.
En esta paz de todos
hay a largo, largo plazo
un lugar seguro
para caer.

Em Claire

La séptima actitud

ESTO NOS LLEVA a la próxima actitud de la lista de nueve, esa que hace que avance el proceso de evolución de tu alma, enfocando no sólo lo que pasa en este momento, sino lo que pasará mañana.

El sistema del alma es, como recordarás, un sistema de energías. Éstas impactan sobre sí mismas; es decir, su efecto es circular. Como se ha dicho con gran frecuencia: todo lo que va regresa.

Ésta es otra manera de decir que la línea de causalidad es como el reloj que acabamos de usar como analogía. Es la unión del sistema del alma y de la mecánica de la mente.

Si no sabes que están unidos, le prestarás atención a uno y no a la otra. Irás caminando con la cabeza en las nubes todo el tiempo, cómo le preocupaba a mi padre que lo hiciera, separado por completo de tu realidad física, o irás caminando con la mirada en el suelo todo el tiempo, como lo hice yo durante un tiempo cuando me sobrecompensé en respuesta a mi padre, completamente separada de tu realidad espiritual.

De cualquiera de las dos maneras, crearás y experimentarás, a la hora once, una realidad distorsionada y no la realidad final. Te resultará difícil saltar incluso a la realidad observable (que te parece muy mala, porque incluso ella es un lugar muy especial. La mayor parte de la gente no llega ahí con frecuencia, y son menos las personas que logran permanecer así que vivir en ella es un estado muy alto del ser. En este estado no distorsionamos nada, sino que vemos todo exactamente como es en términos humanos, y hasta en términos espirituales. En esencia, quedas fuera de tu "drama" y de tu historia. Esto, a su vez, te aparta del miedo.

El proceso que he creado y que uso en mi taller "cambiar todo" le da la oportunidad a la gente de hacerlo, de moverse de la realidad distorsionada a la realidad observable en un lapso muy pequeño. Me gusta decir que puede llevarte de las lágrimas a la risa en siete minutos. Lo he visto.

Sigamos avanzando, llevamos a los participantes de la risa al gozo del estado de alerta, que es un nivel de felicidad completamente diferente. No se trata sólo de un lugar donde te alejas del miedo, sino también de un sitio donde realmente lo transformas, cambiando el significado mismo de la palabra. Utilizamos este acrónimo:

M—I—E—D—O = Me siento emocionado y listo.

La persona que viene de la verdad real y que por tanto vive a un nivel incluso más alto en el terreno de la realidad final, siempre está en este espacio, está "emocionada y lista", porque ni siquiera ve las mismas cosas que la persona que vive en la realidad observable, por la sencilla razón de que quien habita la realidad final ve todo desde una perspectiva totalmente diferente, de hecho, la psicología clínica moderna ni siquiera sabe que existe.

¿Recuerdas esto? El lugar desde donde miras determina lo que ves. De hecho, así es. Lo importante es vivir como un todo integrado, y con las tres partes de la totalidad de tu ser (cuerpo, mente y espíritu) creando, expresando y satisfaciendo tu noción actual de quién eres y quién eliges ser, noción que no derivas de tu verdad imaginada, ni de tu verdad aparente, sino del tercer nivel de verdad: la verdad real.

Al desplazarte hacia la verdad real como tu punto de origen, puedes valerte de la mecánica de la mente para transformar cualquier momento. Y a la verdad real accedes usando el sistema del alma para cambiar tu perspectiva.

¿Esto es Real? ¿Realmente puede suceder? Las dos preguntas son muy buenas. Quizá tú mismo las formules ahora. Yo llegué o para ser más precisos, tú me llevaste hacia ti, para decirte esto: sí, es real. Es la manera en que el alma y la mente trabajan juntas en un proceso sinergístico que permite que el ser total que eres haga lo que viniste a hacer aquí; usar esta vida como se planeó que la usaras.

Hasta el momento te he invitado a hacer seis cosas. Te he invitado a cambiar tu decisión de "hacerlo solo", a cambiar tu selección de emociones, a cambiar tu selección de pensamientos, a cambiar tu selección de verdades, a cambiar tu idea en cuanto al cambio en sí y a cambiar tu idea sobre la causa del cambio; con estos antecedentes, te invito a una actividad espléndida, que será un cambio enorme, del tamaño de una montaña, gigantesco, colosal.

Actitud 7:

CAMBIA TU IDEA SOBRE EL CAMBIO FUTURO

Tal vez no se te haya ocurrido que el sistema del alma se puede aplicar tanto para el cambio futuro como para la experiencia presente. De hecho, es ahí donde está su poder, puesto que puede cambiar sistemáticamente no sólo este momento, sino toda la vida.

Ya he dicho varias veces que el cambio sucede porque quieres, porque estás constantemente eligiendo personas, lugares y condiciones perfectos para experimentar lo que deseas mientras avanzas en el proceso de la evolución de tu alma. Puede ser que no sientas que el cambio que sucede hoy lo hayas provocado, pero así fue, a un nivel metafísico muy alto, a través del proceso de intercambio sinergístico de energía. En términos sencillos: el pensamiento en acción. Lo que algunos han llamado "ley de la atracción".

Pero, ¿por qué tendrías que atraer hacia ti algo que es una experiencia a la que no le das la bienvenida? Porque es sólo en tu mente donde no le das la bienvenida. En tu mente queda muy claro que el cambio que se presenta ahora es simplemente tu reafirmación intuitiva de los principios de la vida, la vida es eternamente funcional, adaptable y sostenible.

Y, podrías preguntar, ¿de qué manera lo que está sucediendo es "bueno" para mí realmente?

Bueno, eso puedes experimentarlo de dos maneras. Puedes esperar lo suficiente para que el paso del tiempo te lo muestre (lo cual hará inevitablemente), o puedes dirigirte al lugar del conocimiento ahora mismo. Ése lugar es tu alma, no tu mente. Tu alma te mostrará lo que tu mente te enseñará después, al desentrañarse la vida, verás que todo lo que te sucedió fue siempre para bien.

¡Qué afirmación! ¡Qué Dios debemos tener!

Creo entonces que es ineludible (e importante) tocar esto justo ahora: ¿Qué hay de la inconcebible situación desesperada de las personas que han sufrido intensamente en su vida?

Ya sé, ya sé. . . y estoy de acuerdo con que es muy, muy difícil que la perspectiva limitada de la mente humana considere que ese sufrimiento es aceptable, tiene sentido o resulta intencional por parte del alma. Pero *Conversaciones con Dios* ha dejado muy claro este punto. Dice que no hay víctimas ni villanos en el mundo. Todo lo que pasa sucede por el elevado fin de la evolución, y es notable que algunas veces un alma reencarne en el tiempo y para el propósito de servir a la agenda de otro. Esta afirmación podría referírsele a un hombre llamado Siddhartha Gautama, a quien se le nombra Buda. También podría describir a Moisés, que guió a su pueblo para atravesar el desierto y llegar a la tierra prometida. Podría también hablar de Jesucristo, cuyo mensaje también ha impactado al mundo entero. Podría referirse a Muhammad ibn Abdullah, bendito su santo nombre, diplomático, comerciante, filósofo, orador, legislador, reformista, general y de acuerdo con las creencias musulmanas, un agente de acción divina; un mensajero y profeta de Alá. Podría decirse también de muchos otros maestros y avatares y santos, algunos conocidos y otros desconocidos, pero fácilmente reconocibles por sus acciones, por lo que han dado y lo que se han sacrificado para servirle a la sagrada y santa agenda de otros.

Esta idea, este concepto, se describe en términos muy bellos que hasta un niño puede entender, de hecho, se escribió para un niño, en el magnífico libro *La pequeña alma y el sol,* libro mas vendido de literatura infantil, que surgió de los mensajes de *Conversaciones con Dios.*

En esta categoría final caben multitud de personajes contemporáneos, o lo que podría llamarse santos recientes, incluidos, desde luego, no sólo a los miembros de una religión en especial. Personas como la Madre Teresa, Paramahansa Yogananda, Mahatma Ghandi, Martin Luther King Jr., e incluso otras más cercanas a nuestra historia actual, como Nelson Mandela, que vivió preso cerca de treinta años y salió de la cárcel para perdonar a sus captores y pedirle a su país que hiciera lo mismo.

¿Qué clase de hombre es ése? El hombre que escucha a su alma, no sólo a su mente, y que ha recontextualizado su experiencia, adoptando una perspectiva que lo abrió a una percepción que produjo una creencia, que impactó su conducta de manera que produjo eventos, que crearon datos para su mente, que dieron como resultado una verdad a partir de la cual surgieron pensamientos que generaron emociones, que sacudieron al mundo entero, creando una experiencia que elevó para siempre la realidad humana.

Permítanme aclarar que esos santos modernos no se limitan a personas líderes de movimientos o de naciones. Tu propia madre puede ser una de esas santas o tu padre. O ambos. Las personas normales que hacen cosas extraordinarias muchas veces se sacrifican para servirle a la agenda sagrada y santa de otros. No podemos adivinar qué pueda ser esa agenda, pero vemos que se necesitan santos modernos para llevarla a cabo. Ronald Cotton es una de esas personas. Vivió una vida normal, buena parte de ella tras las rejas.

Ronald fue declarado culpable de violar a Jennifer Thompson una noche de 1984 en Burlington, Carolina del Norte.

Supe de Ronald y Jennifer en una transmisión de la historia en el noticiero de CBS 60 Minutos. La historia contaba cómo identificó Jennifer a Ronald como su violador, y cómo él pasó once años en prisión por su delito. El único problema es que él no lo hizo. Dijo no haberlo hecho, pero nadie le creyó. Después de todo, como lo mostró 60 Minutos, Jennifer Thompson lo había identificado y estaba segura en ese momento de haber dado con el culpable. Pero en 1995, las nuevas pruebas de ADN revelaron que era otro el violador. Luego de once años en prisión por un delito que no cometió, Ronald Cotton quedó en libertad. La historia apareció en todos los noticieros y 60 Minutos le dio realce en marzo de 2009. De hecho, escribieron un libro Edin Torneo, y Cotton, en donde comparten su historia. Lo más fascinante es que se han vuelto buenos amigos. Hablan por teléfono periódicamente y viajan juntos para sacar a la luz los múltiples problemas que existen con los testimonios de testigos presenciales.

Como lo presenta con gran dramatismo 60 Minutos, la primera vez que Ron Cotton vio a Jennifer Thompson fue al salir de la cárcel, cuando ella le dijo bañada en lágrimas: "Si pasara cada segundo, de cada minuto, de cada hora del resto de mi vida diciéndote cuánto lo lamento, sería poco comparado con lo que siente mi corazón. Lo lamento profundamente". Jennifer dice que él se acercó, le tomó la mano y le dijo: "Te perdono".

Cotton dijo que cuando habló en voz baja con Jennifer en una iglesia donde ella le pidió que se reunieran, él le dijo: "No quiero que mires por encima de mi hombro. Lo único que quiero es que estemos felices y que la vide continúe".

¿Qué clase de hombre mira a los ojos a una persona que lo acusó falsamente de un crimen por el cual estuvo encarcelado más de una década y la perdona en un instante? Bueno, sucede que los seres humanos son capaces de esas respuestas extraordinarias ante la vida cuando expanden su punto de vista más allá de los límites de la mente, hacia la perspectiva del alma. Quizá no sepan, conscientemente, que lo están haciendo, o lo llamen de otra manera, pero toman una decisión en cuanto a la vida y a cómo a vivirla y yo sugiero que esta decisión proviene de un lugar en lo profundo del interior, mucho más allá del alcance de la mente.

Cuando usamos el sistema del alma, nuestro conocimiento superior con la mecánica de la mente, combinamos las dos herramientas más poderosas que poseen los seres humanos. Saber que todo lo que pueda haberte sucedido ocurrió para tu bien superior, y para tu evolución, confiere mucho, muchísimo poder. Esto significa que todo lo que pasará en tu futuro es, de igual manera, para tu bien.

Se modifica así radicalmente tu idea sobre el cambio futuro. Ya no tienes que temerle, y al no asustarte, lo controlas, te sientes libre de realizar las acciones y tomar las decisiones más deseables, en vez de optar siempre por las más cautelosas.

El deseo es lo que enciende el motor de la creación, no la cautela. Nunca, nunca la cautela. Siempre, siempre, el deseo.

Fíjate en lo que más deseas en la vida, déjate llevar luego por ese sentimiento hasta llegar a la creación. Al hacer esto usas lo que se llama ley de la atracción. En términos sencillos: Pensamiento en acción. A un nivel metafísico muy alto: proceso de intercambio sinergístico de energía.

Todo es energía. En el campo de la energía lo igual atrae a lo igual. Lo que piensas lo creas. Pero lo que crees es lo que piensas, y lo que percibes es lo que crees, y todas tus percepciones dependen de tu perspectiva.

Tu realidad actual es la que crea tu próxima perspectiva

Se trata de un círculo. Sé que ya has oído todo esto, pero necesito que "lo asimiles". Si partes de una realidad distorsionada es probable que acarrees esa distorsión hasta tu próxima perspectiva, saltándote el lugar del ser puro de donde surge la perspectiva del alma. Esto afectará tu próxima percepción, que afectará tu próxima creencia, que afectará tu próxima conducta, que afectará tu próximo evento y así sucesivamente durante todo el reloj de tu vida, hasta la creación de tu realidad del próximo momento.

Eso no está bien. La vida no tomará buen camino si tu realidad distorsionada es tan fuerte y se siente tan "real" que su energía afecta tu siguiente perspectiva. Por eso urge que contactes al alma, que se ubica entre tu última realidad y tu próxima perspectiva, en "lo alto de las doce en punto" del reloj del tiempo. Lo que el alma le aporta a este proceso, y la mente es incapaz de darle, es esa mayor perspectiva de la que sigo hablando.

Una vez que logras esa nueva perspectiva, una vez que haces que esos nuevos datos sean parte de los datos del pasado de tu mente, puedes albergar un nuevo pensamiento sobre el mañana y sobre cómo quieres que sea. Ya no tendrás que partir de la preocupación o la ansiedad o la negatividad ni de nada menos que una visión jubilosa de tu futuro (¡independientemente de qué tan "malo" pienses que ha sido el hoy!). Saber que todo lo que sucede es para mejorar, que todos los resultados son perfectos para tu evolución te da una enorme confianza. Y es ahí donde radica tu poder.

Muy bien, basta por el momento. Te invito a un:

Espacio para respirar

Daté la oportunidad de asimilar esto. Lee las notas que has puesto al margen, ¿has tomado notas, verdad? Quizá has escrito algo en tu diario, llevando un diario, ¿verdad? Luego cuando te sientas descansado, pasa a. . .

Tu nueva idea sobre el mañana

Digo que la vida es una energía que se alimenta a sí misma. La vida produce más vida a través del proceso de la vida, y la energía de la vida se duplica a sí misma. Lo que digo aquí es que pensar de manera positiva sobre un evento del presente no sólo cambia nuestra experiencia presente de ese evento, sino que pone en movimiento energías que crean eventos futuros. Lo que digo es que una vida extraordinaria surge del cambio de tu idea sobre el cambio futuro, la actitud 7 de la lista.

Lo que proyectas lo produces, lo que concluyes lo creas y todo lo demás.

"Todo lo demás" es lo que los maestros espirituales de todas las razas y colores, de todas las posturas y creencias han compartido con la humanidad desde el principio de los tiempos. Todos los maestros espirituales dicen lo mismo. ¿No te parece un poco raro? Todas las religiones enseñan la misma doctrina. ¿No te parece interesante? Sobre este tema en especial, sobre la pregunta de cómo funciona la vida y qué hace que el mundo siga girando, todo dogma concuerda: lo que crees se convertirá en tu realidad.

James Allen escribió un extraordinario y breve tratado sobre este tema que lleva por título *As a Man Thinketh*. Lo leí hace más de treinta años y cambió mi vida.

El sitio de Internet de James Allen [self-improvement-ebooks.com] dice que este autor místico (1864-1912) escribió con sus propias palabras llenas de poder lo que pensó Buda: todo lo que somos es el resultado de lo que pensamos. El texto de Allen lo pone de la siguiente manera: "El hombre es lo que piensa desde su corazón".

El mensaje de Allen, que aparece en su sitio de Internet, "es de esperanza incluso en medio de la confusión. Sí, dice, la humanidad está llena de pasiones fuera de control, de apoteosis al dolor sin gobierno, se ve azotada por la ansiedad y la duda. Sólo el hombre sabio, sólo el de pensamientos controlados y puros, hace que los vientos y las tormentas del alma lo obedezcan".

Desde luego que esto es exactamente lo que te he venido diciendo aquí. Una vez más señalo que es lo que todos los maestros espirituales han dicho siempre. Una afirmación impresionante del propio libro que estas leyendo, la escribió James Allen hace cien años: "Almas azotadas por la tempestad, dondequiera que se encuentren, bajo cualquier condición que vivan, sepan esto: En el océano de la vida las islas benditas sonríen y la orilla soleada de sus sueños está esperando que lleguen.

Esto dice el sitio de Internet: "Allen enseña dos verdades esenciales: hoy estamos en el lugar a donde nos han llevado nuestros pensamientos, y somos arquitectos (para bien o para mal) de nuestro futuro".

Mis hijos mayores tienen una manera de manejar cualquier cosa que suceda en su vida. Independientemente de lo que ocurra, sólo dicen: "Todo está bien".

¿No puedes llegar a una cita para comer? "Todo está bien". ¿El coche se encapricha y no quiere arrancar? "Todo está bien". Eso me gusta, me gusta mucho. ¡Qué perspectiva! ¡Qué gran punto de partida! ¡Así es como puedes crear un futuro maravilloso!

¡Puedes crear partiendo un nuevo punto de origen en cuanto al hoy! Todos los días tenemos la oportunidad de ver directamente lo que está sucediendo justo en el momento y sonreír y reírnos de nosotros mismos y decir: "Todo está bien". Y luego agregar un enorme agradecimiento a Dios por hacer esta vida magnífica en la que podemos crear una experiencia de ella completamente nueva en cualquier momento.

He dicho que la realidad observable es maravillosa, es un estado muy elevado y raro de experiencia que muy pocas personas alcanzan. Quizá pienses que ésta sería la realidad que con mayor frecuencia experimenta el ser humano, pero de hecho, es un estado muy elevado de conciencia al que la gente entra muy ocasionalmente en el transcurso de su vida. La mayoría de los seres humanos, las más de las veces parte de la verdad imaginada, y por tanto experimenta una realidad distorsionada.

Puedes saber si estás viviendo en la realidad observable porque te quedará claro en este momento que no sucede nada diferente a lo que está sucediendo.

En el momento en el que ubicas tu estado de alerta sólo en lo que está pasando ahora, te das cuenta que todo lo "malo" que piensas de este "ahora" son cosas que tu has aumentado. Son cosas que en realidad no existen. Tú las pones ahí con tus pensamientos. Lo único que tienes que hacer para deshacerte del dolor que estás pasando ahora es dejar de aumentarle dolor a lo que sucede. ¡Desconecta el enchufe! ¡Saca de este momento el mal pasado o el futuro indeseable. Abriga un nuevo pensamiento sobre él ahora mismo!, ¡y hazlo ya!

Todo está bien.

¿Cómo puedo decir eso si acabo de perder mi trabajo?, podrá ser tu queja, y sería justa. O, con mayor tristeza, ¿cómo puedo decir eso si la persona que amo acaba de morir? O, ¿si mi relación terminó?

Estos momentos difíciles están llenos de estrés. No sugiero lo contrario. Los eventos de este tipo son un reto a toda creencia que tengamos en cuanto a que vivimos en un universo cordial. En épocas así, después de haber hecho y dicho todo, sólo el conocimiento absoluto del alma respecto a que todo pasa para bien de todos los afectados puede llenarnos de paz.

La vida, y toda condición y circunstancia y relación en la vida, es funcional hasta que surge una amenaza a su estabilidad. En ese caso, es adaptable. Así, se vuelve sustentable al cambiar de forma. Esto es lo que sucede cuando muere un ser querido, o cuando muere lo que sea: relación, trabajo, forma de vida, cualquier cosa. Nada cambia si no es para bien.

Tal vez te burles de esto. Pero, podría apostarte que si evalúas las cosas con honestidad estarás de acuerdo con que algunas de las peores cosas que te sucedieron fueron en realidad las mejores que pudieron pasarte.

Un maestro ve esta verdad en todas las cosas. Yo no soy maestro, ni nada que se le parezca. Pero puedo ver esta verdad en mi propia vida. Como sabes, sufrí un accidente automovilístico hace quince años en el que me rompí el cuello, por el que tuve que estar en rehabilitación casi dos años, lo cual me impidió seguir trabajando, lo que me llevó a vivir en una tienda de campaña todo un año, mendigando en las esquinas y luchando contra todo tipo de clima sólo para comer, protegerme del frío y mantenerme seco.

Es lo peor que le podía pasar a una persona, ¿verdad? La gran pesadilla humana, ¿no es así? Bueno, sí y no. Al principio fue aterrador. Nunca imaginé, ni en mis peores sueños, que me convertiría en indigente, y una vez que me encontré viviendo en la tienda de campaña, no pude imaginarme cómo volvería a vivir en una casa.

Pero ahora, cuando miro atrás, veo que fue una de las mejores cosas que me sucedió. Aprendí muchas lecciones de la vida que no me imagino haber aprendido de ninguna otra manera. Esta situación me llevó al lugar de mayor comprensión de mis propios recursos interiores. Me condujo a un nivel más alto de compasión y a una profunda solidaridad con todos los miembros de la raza humana. Me abrió a un estado de alerta ante Dios y al significado de una vida en la que había cambiado todo lo que creía entender, llevándome así a un espacio nuevo para experimentar cada momento como un regalo indescriptible.

Muy bien, quizá digas ahora que se trata de un caso de suerte porque "a buen fin no hay mal principio", pero he aprendido que todo tiene buen fin si lo suelto y se lo dejo a Dios; si permito que cualquier cambio que suceda en mi vida se de sin oposición. Eso no significa no hacer nada, sino: no te resistas.

A lo que te resistes persiste. Lo que miras desaparece. Es decir, deja de tener forma ilusoria. La no resistencia nos libera de lo que nos imaginamos y nos despierta a lo aparente, mostrándonos al final la verdad real. Se trata de "líbranos del mal". De pronto, se nos abren opciones que parecían bloqueadas por completo unos minutos antes. Todo cambia con un cambio de punto de vista.

Es el verdadero poder detrás de la actitud 7.

Cuando entiendas que todo cambio pasa con el fin de mantener la armonía del universo cuando lo creas por más increíble que parezca, cuando tengas la certeza de que la vida sirve para ser feliz y cuando sepas que todas las historias pueden tener finales maravillosos si no las bloqueas con amargura, enojo, resentimiento, frustración, o dudando de que esos finales existen —el mayor bloqueo de todos— entonces puedes cambiar tus pensamientos sobre lo que está sucediendo, y tu idea sobre lo que sucederá.

¿Tu vida no te ha demostrado que todo funciona para cumplir tu más elevado objetivo de evolución? Claro que sí. La prueba es que sigues aquí.

"Sí", podrás decir, "pero mira lo que tuve que hacer para llegar aquí". De acuerdo, el camino no fue fácil. Pero se debe a que no contabas con las herramientas que tienes ahora. Y sin embargo, incluso sin esas herramientas, saliste adelante.

Entonces, ¿qué te hace pensar que el mañana será diferente en algo? Vemos que lo importante no es si vas a sobrevivir, sino cómo. ¿Te sentirás feliz, o triste? ¿Volverá a emocionarte la vida, o te sentirás desalentado, contrariado y decepcionado? ¿Serás una bendición para todas las vidas que toques o una carga para quienes te rodean?

La manera en que asumes la experiencia presente es la manera en que creas la siguiente. Y ésa es la razón por la que tiene tanto poder cambiar tu perspectiva en cuanto al cambio futuro.

El truco está en que transformes esta percepción en visión anticipada. El truco es saber esto hoy en cuanto a tu mañana. El truco es tener muy claro que la vida está de tu lado.

Esto no significa que todo salga siempre como quieres. Significa que a veces lo que quieres no es lo mejor para ti.

¿Qué?

¿Será cierto? ¿Es posible querer algo que no sea para nuestro mayor bien? Claro que sí. La gente lo hace todo el tiempo. Se debe a que no siempre reconoce cuál es su mayor bien y eso se debe a no saber quién es uno en realidad, en dónde está, qué hace realmente aquí en la tierra y sea como sea cuál es el propósito de todo esto.

Ahora responde para ti las cuatro preguntas fundamentales, luego cambia tu idea sobre el cambio futuro. Deshazte del pensamiento de que no puedes modificar el futuro. Di para ti mismo que el futro no viene HACIA ti, sino que viene a través de ti.

El cambio que llegará a ti en el futuro es el cambio que tú ubiques en tu futuro con los pensamientos, las palabras y las acciones de hoy. Éstas son las tres herramientas de Creación, y si necesitas mayor sustento sobre esta idea y una explicación más profunda de cómo te constituyes en el creador de tu realidad personal, consigue un ejemplar de *Conversaciones con Dios*, libro uno y date el regalo de leer uno de los textos más inspirados y que más cambiará tu vida.

Si ya lo leíste, vuélvelo a leer. Si nunca lo has leído, léelo ahora. Después de lo que piensas. Toma lo que resuene junto contigo y aplícalo en tu vida como parte de tu verdad personal de vida.

Sí, sí, sí. . . cambia tu idea sobre los cambios que vendrán, incluso mientras cambias tu idea sobre los cambios que ya pasaron. Así podrás cambiar tu experiencia respecto a ambos.

¿Qué fue lo que te dieron?

¿Qué te dieron?
Quiero decir de la pérdida.
Después de lo que se llevaron.
Lo más importante, sin lo que
no podías vivir.
La persona o lugar;
secreto o circunstancia
ya que se fue,
o se supo,
y ya no puedes llamar a esto cimiento.

¿Qué fue lo que te dieron?
Sabes y yo sé esto:
se está haciendo un hueco
algo viene y te abre

justo
en
el
centro

y desde ese momento
ya no eres inmune a este mundo.

Despiertas, te preguntas,
todo lo conocido, hoy es extraño.
Caminas como en el agua
hasta que regresas a tu cama
y al final, ahí también,

tus sábanas, tu propia almohada perfuma diferente,
como si diario alguien repintara tu cuarto, cambiara
algo,
inquietara un momento anhelado.

Lo ves, a veces nos vacían.
Nos vacían
porque
la vida quiere que conozcamos
mucha
más
luz.

Em Claire

La octava actitud

NOS ACERCAMOS AL final de nuestra visita y quiero que sepas que entiendo el impacto que experimentas en este momento de cambio. Si perdiste una casa o un trabajo o una relación o la salud o alguien amado que murió, cualquiera que sea el hecho, sé cuánto te afectó. Deseo unirme a ti al pasar por esto, igual que los demás asesores de vida espiritual que encuentras en www.changingchange.net.

Si te vales del apoyo que se ofrece ahí, o encuentras ayuda en otras fuentes, no abandones lo que estás haciendo. No quiero que actúes como si no hubiera sucedido, o como si no tuviera importancia.

Tampoco quiero que te escondas de lo que sucedió, ni que lo minimices, sino que lo veas como es y que te permitas cualquier verdad, emoción y experiencia que despierte lo ocurrido, porque la resistencia genera persistencia.

Te invito a que, al procesar esto, aumentes el uso de algunas de las herramientas que te he dado, te invito a ver la verdad aparente y no sólo la imaginada. Te invito a considerar la posibilidad de que tu alma, y el alma de todos los que tengan que ver, sabe con exactitud lo que hace, y en última instancia, eso que hace significa el mayor bien para todos.

También quiero que entiendas que el hecho de que este cambio sucediera, no significa que no puedas transformarlo incluso con la posibilidad de que tu vida regrese a una circunstancia similar a la anterior, y mejor, como una relación que termina y se reanuda.

No hay posibilidad futura que no esté sobre la mesa

He hablado en mis talleres con personas que han perdido millones, y han vuelto a hacerlos y más. He sabido de gente que han perdido su relación más amada, para reconciliarse y elevarse a alturas nunca imaginadas. He conversado con personas cuyo médico las sentenció a muerte, para recuperar la salud con tal bienestar que les inspira la palabra "milagro".

Sí, he sabido de estas personas y de muchas más. Todas sus historias son diferentes, pero tienen algo en común: el final, no fue el final de la historia.

Ya han oído mucho de mi aventura personal, pero permítanme agregar esto: yo pensé más de una vez que, sin duda, mi historia había terminado, que los buenos tiempos habían llegado a su fin. Pero, qué equivocado estaba. Si hubiera sabido entonces lo que sé ahora. O, como decía mi padre: "Más sabe el diablo por viejo que por diablo".

Permíteme que te ayude a llegar a donde quieres, antes de que te hagas viejo como yo. O, si ya eres viejo, permíteme ayudarte a facilitar los pasos de tu camino a casa.

Queridos amigos: urge que consideren la posibilidad de que la vida se hizo para ser feliz.

¿Puedes creer eso? Si no, corre, no camines, a la librería más cercana y compra un ejemplar de *Happier than God*. Es uno de los libros más emocionantes que jamás fui inspirado a producir, que cubre con gran extensión el proceso de creación personal, lo que algunos llaman "ley de la atracción", y explora aspectos de este principio que otros han ignorado. ¡Te lo explicará todo!

Una de las maneras en que la vida te muestra que fue hecha para ser feliz, es dándote las herramientas para recrear tu experiencia cuando lo desees, y de la manera en que quieras. Si desconoces las herramientas, préstale atención a lo que te dice la vida en este momento. Escucha lo que has estado oyendo aquí.

Y ahora, ya que has oído todo, es hora de que asumas la octava actitud, que tiene que ver con el enorme paraguas bajo el cual te encuentra en este momento de tormenta, tu teoría del paraguas es sobre la vida misma.

Actitud 8:

CAMBIA TU IDEA SOBRE LA VIDA

Ya es hora de considerar todo el famoso proceso. No sólo el proceso del cambio, no sólo el proceso de la mecánica de la mente, no sólo el sistema del alma, sino el episodio que vivimos desde el nacimiento hasta la muerte.

¿Qué hay ahí. . . qué pasa. . .? Sí, la mente ha anhelado la respuesta a estas preguntas desde que te despertó a la existencia. El problema es que la mayoría de nuestras ideas vienen de antes. Tomamos nuestras ideas colectivas sobre el hoy de lo que alguien más nos dijo sobre el ayer, y de nuestros propios encuentros con el ayer.

Pero eso tiene sentido, ¿verdad? ¿Que no debemos aprender de nuestra experiencia? ¡No! No si nuestra experiencia ha surgido de una verdad imaginada y no de la real. No si nuestra experiencia nos ha llevado a una realidad distorsionada y no a la realidad final.

Entonces, si no vamos a prestarle oídos a nuestra experiencia, ¿a quién vamos a escuchar?

A nuestra alma. A nuestro ser. Regresa a la parte superior del reloj. Regresa a lo alto de las doce en punto. Deberíamos de escuchar al ser del alma, no al ser humano. Y a la conexión que entabla nuestra alma con el alma que existe.

Creo que cuando entablas esa relación, meditando, orando, permitiéndote momentos de contemplación, leyendo en silencio, caminando en silencio por el bosque, sumergiéndote y empapándote en silencio en el agua tibia de la vida, escribiendo en silencio, comiendo en silencio, cantando en silencio a nosotros mismos una canción del alma escucharás que una voz aún muy pequeña en tu interior te dice que la vida no se hizo para luchar. Que tampoco es una "prueba". Que no se hizo para que fuera un "bautismo de fuego" o un "juicio" o una "escuela" ni cualquier otra cosa desagradable.

Creo que escucharás que, al contrario, se hizo para constituir un gozo desbordante desde el primer hasta el último momento; una celebración de quién eres y de lo que eres capaz de hacer; una expresión de proporciones gloriosas y espléndidas, la jubilosa explosión de la vida misma hacia el escenario de la vida misma, expandiendo la vida misma a través del proceso de la vida misma.

Esto es verdad a nivel local, en tu propia vida, y a nivel cósmico, en la vida del universo. El 17 de noviembre de 2006, Associated Press informó que el telescopio espacial Hubble mostró que una forma misteriosa de energía, que Albert Einstein concibió por primera vez, parece haber estado alimentando la expansión del universo durante la mayor parte de su historia. Basándose en explosiones de las supernova para evaluar la expansión del universo, los astrónomos hicieron una observación impresionante. "Parece que las supernova más antiguas, cuya luz ha viajado una mayor distancia a través del espacio para llegar al telescopio Hubble, se estaban alejando de la Tierra con mayor lentitud de lo que predecía la teoría simple del big-bang. Las supernovas cercanas se retiraban con mayor rapidez de la que se esperaba", decía la historia de Associated Press, agregando: "Esto sólo podría ser verdad si alguna fuerza misteriosa provocara la expansión del universo para acelerar el tiempo".

Esta "fuerza misteriosa" es la vida misma. Es Dios, en acción. Igual que dentro de tu vida (dentro de ti) en todo momento. Cuando estás contigo mismo en silencio puedes sentir esta "fuerza misteriosa". De hecho, cuando estás contigo mismo en silencio de manera muy literal permites que la fuerza esté contigo.

Es aquí donde las cosas se ponen interesantes. Esta "fuerza" o energía, transporta datos. De hecho, es los datos mismos. ¿De acuerdo? ¿Entendiste? la energía constituye datos. Los datos son energía.

¿Alguna vez has oído decir que ciertos números contienen "energía buena"? Es cierto. Por ejemplo, el número nueve y las ecuaciones que producen el número nueve (8+1, 4+5, 3x3, etc.) se dice que tienen mucho poder. Aunque no soy numerólogo, esto no me sorprende.

Adquirir, o acceder a, los datos de la vida es cuestión de acallar tu mente para que puedas oír a tu alma donde se almacenan esos datos. La meditación es una manera de lograrlo. Todos han oído hablar de la meditación, pero muchas personas no saben en realidad cómo meditar. Me han preguntado muchas veces en nuestros retiros de renovación espiritual si puedo dar instrucciones sobre la mejor manera de hacerlo.

Desde luego, no existe una "mejor manera". Mi forma personal es escribiendo. Constituye para mí una meditación muy poderosa, y gran parte del tiempo que supuestamente paso escribiendo, en realidad miro hacia el espacio, sin siquiera pensar, limitándome a ser con lo que se está moviendo a través de mí en ese momento, y abriéndome, sin preguntas, expectativas ni requisitos, a lo que viene después. Sin duda, es una forma maravillosa de viajar a través de toda la vida.

Aunque no existe un tipo de meditación que sea "mejor" que otro, lo que se conoce como "sentarse a meditar" es lo que a la mayoría de la gente le resulta más conocido y de lo que quiere saber más. Permítanme que comparta con ustedes algunas ideas al respecto.

Empecemos por hacer una meditación "rapidita" aquí mismo y ahora, para darle un descanso a la mente. Durante un breve instante, un:

Espacio para respirar

Cierra los ojos y respira profundamente, has tres inhalaciones lentas, utiliza el mismo tipo de respiración que cuando duermes. Luego, relájate, permanece en silencio, por un rato.

Cuando estés listo, pasa a…

Algunas ideas sobre la meditación

Algo que puedo sugerirle a las personas que tienen dificultad para acallar su mente, es sentarse a meditar en silencio dos veces al día, quince minutos en la mañana y quince por la tarde.

Si es posible, fija una hora para hacerlo. Ve si puedes mantener el horario. Si no, no importa, mientras lo hagas por lo menos dos veces al día, temprano y tarde. Quizá cuando meditas puedas sentarte a la intemperie algunas veces, cuando haya buen clima, permitiendo que el sol de la mañana te caliente, o que las estrellas brillen sobre ti. Bajo techo, podrías sentarte cerca de una ventana donde entre el sol del amanecer o te envuelva el cielo nocturno. Como dije, no existe "manera correcta" de hacerlo, de hecho, no existe la manera correcta de hacer nada.

Te puedes sentar en una silla cómoda, o en el piso, o incluso en la cama. Elige lo que te funcione.

Hay quien se sienta en el suelo, en general sin respaldo, pero recargándose a veces en la pared o en algo, porque sentarse en el suelo hace que se sientan más "presente" en el espacio. Algunas personas me han dicho que sentarse demasiado cómodo, como en una silla muy acojinada o en la cama hace que les de sueño o que no se concentren en el momento. En cambio, no les sucede si se sientan en el suelo o afuera en pasto, donde se sienten por completo "presentes" mentalmente.

Una vez sentado, empieza por prestarle atención a tu respiración, con los ojos cerrados, y escuchando simplemente cómo inhalas y exhalas. Quédate en esa negrura y préstale atención sólo a lo que oyes. Cuando te hayas "unido", esa es la única palabra que encuentro para expresar esto, con el ritmo de tu respiración, empieza a expandir tu atención hacia lo que ve tu "ojo interior".

En general, en este punto no hay más que oscuridad. Si ves imágenes; es decir, "pensamientos que piensas de algo y los ves en tu mente" trabaja para desvanecerlos, como el "desvanecimiento a negro" en una película. Pon tu mente en blanco. Enfocando tu ojo interior, mira profundamente esta oscuridad. No veas nada en particular, simplemente mira profundamente, permitiéndote no buscar nada y no necesitar nada.

En mi experiencia, lo que pasa después con frecuencia es que aparezca algo semejante a una pequeña "llama" azul parpadeante, o un destello de luz azul que penetra en la oscuridad. Me he dado cuenta de que si empiezo a pensar en esto cognositivamente; es decir, definiéndolo, describiéndolo para mí mismo, tratando de darle contorno y forma, o intentar que "haga" algo, o que "signifique" algo desparece de inmediato. Sólo regresa si no le doy importancia.

Me cuesta apagar mi mente y estar únicamente con el momento y la experiencia, sin juzgarla, definirla, o intentar que suceda algo, o imaginármelo, o entenderlo desde mi centro lógico. Se parece a hacer el amor, pues entonces también, para que la experiencia resulte mística y mágica, debo apagar mi mente y estar únicamente con el momento y la experiencia, sin juzgarla, definirla, o intentar que algo suceda, o imaginármelo, o entenderlo desde mí centro lógico.

La meditación es hacer el amor con el universo. Es unirse con Dios. Es unirse con el Yo.

No tiene que entenderse, crearse o definirse. Uno no tiene que entender a Dios, solamente experimentar a Dios. Uno no crea a Dios, Dios simplemente es.

Uno no define a Dios, Dios lo define a uno. Dios ES el definidor y el definido. Dios es la propia definición.

Inserta la palabra Yo en donde aparece la palabra Dios en el párrafo anterior y el significado seguirá siendo el mismo.

Vuelvo ahora a la llama azul parpadeante. Una vez que retiras tu mente de ella, manteniendo siempre tu enfoque en ella, sin expectativas ni pensamientos de ningún tipo, la llama azul puede volver a aparecer. El truco es que tu mente; es decir, tu proceso de pensamiento, se mantenga alejada de ella, con tu foco siempre; es decir, tu atención no dividida sobre ella.

¿Puedes imaginarte esta dicotomía? Esto quiere decir prestarle atención a lo que no le estás prestando atención. Se parece mucho a soñar despierto. Es como estar sentado a plena luz del día, en medio de un lugar con gran actividad, sin prestarle atención a nada en absoluto, y absolutamente a todo al mismo tiempo. No esperas nada, ni necesitas nada, ni te das cuenta de nada en particular, sino que estás tan enfocado en "nada" y en "todo" que alguien quiere hacerte reaccionar, quizá literalmente tronando los dedos y diciéndote: "¡Oye! ¿Estás soñando despierto?"

En general, uno sueña despierto con los ojos abiertos. Sentarse a meditar es "soñar despierto con los ojos cerrados". Eso es lo más que puedo acercarme a explicar esa experiencia.

Ahora reaparece la llama azul parpadeante. Experiméntala sencillamente y no trates de deprimirla, medirla, o explicártela a ti mismo de ninguna manera. Sólo, métete en ella. Parecerá que la flama se acerca hacia ti. Se hará más grande en tu campo interior de visión. No es que la flama se acerque a ti, sino que tú te acercas a ella, a su interior, a la experiencia de ella.

Si tienes suerte experimentarás la inmersión total en esta luz antes de que tu mente empiece a decirte algo al respecto y a hablarte de ella comparándola con datos del pasado. Si logras aunque sea un instante de esta inmersión ajena a la mente, habrás experimentado una bendición.

Ésta es la bendición del conocimiento total, de experimentar en su totalidad el Yo como Uno con todo, con lo unico que existe. No puedes "intentar" que llegue esta bendición. Si ves la flama azul y empiezas a anticipar la bendición, la llama desaparecerá instantáneamente, según mi experiencia. La anticipación y/o las expectativas le ponen fin a la experiencia. Esto se debe a que la experiencia está sucediendo en todomomento, y la anticipación o la expectativa se ubica en el futuro, donde no te encuentras.

Por tanto, la llama parece "retirase". No es que la luz se vaya, eres tú quien se va. Te sales del todomomento.

Esto tiene el mismo efecto en tu ojo interior que el de cerrar tus ojos exteriores ante una experiencia del mundo físico que te rodea. Literalmente los cierras. En mi experiencia este encuentro con la bendición llega una sola vez en mil momentos de meditación. Conocerlo es tanto una bendición como, en cierto sentido, una maldición, puesto que siempre lo estoy deseando. Aun así, hay momentos en que puedo evitar desearlo, apartarme de la esperanza, olvidarme de mis deseos, rechazar mis expectativas y ubicarme a mí mismo en el momento, sin anticipar absolutamente nada en particular. Éste es el estado mental que busco alcanzar. No es fácil, pero es posible. Y si lo logro, me independizo de la mente. Independizarse de la mente no es vaciar la mente, sino enfocar la mente lejos de la mente. Se trata de estar "fuera de nuestra mente"; es decir, lejos de tus pensamientos por un momento, hablaré más sobre esto en adelante. Esto me lleva muy cerca de ese lugar que se encuentra entre los dos terrenos en el reino de Dios, el espacio del ser puro. Esto me lleva muy cerca del nirvana. Esto puede llevarme a la bendición.

De modo que; si has logrado encontrar una manera de acallar tu mente con regularidad, con la práctica de sentarte a meditar, o por medio de lo que llamo caminar meditando o "haciendo meditación", lavar los platos puede ser una meditación maravillosa, igual que leer, o escribir un libro, o detenerte a meditar, una vez más hablaré de esto más adelante, has asumido lo que puede ser el único compromiso de suma importancia en toda tu vida: el compromiso con tu alma, de estar con tu alma, de encontrarte con tu alma, de oír y escuchar a tu alma e interactuar con tu alma.

Es así como recorrerás la vida no sólo a partir del lugar de tu mente, sino también del de tu alma. A esto se refiere Ken Wilbur, uno de los filósofos norteamericanos más leídos y de mayor influencia de nuestros tiempos, en su libro *A Theory of Everything as Integral Transformative Practice* (*Una teoría de todo como práctica transformadora inicial*). La idea básica de la práctica transformadora Inicial, dice Wilbur, es muy sencilla: "Mientras más aspectos de nuestro ser ejercitemos simultáneamente, mayor será la posibilidad de que suceda la transformación.

De eso hablamos desde el inicio de nuestra conversación. De la transformación personal, la modificación de tu experiencia individual de toda la vida, y en especial de esa parte básica, fundamental y esencial de la vida a la que llamamos cambio.

Hemos estado hablando de integrar las tres partes de la totalidad de tu ser en un todo cooperador y multifuncional. Pero esto no puede hacerse a menos y hasta que sepamos que uno es un ser de tres partes, y entonces entender a profundidad. . .

Las bases del cuerpo
La mecánica de la mente
El sistema del alma

No hemos hablado del primero de estos tres aspectos de la expresión triuna de la vida que constituyes, y es hora de hacerlo. ¿Estás listo para poner en su lugar la última pieza del rompecabezas? Si tu mente necesita un poco de tiempo para considerar lo que hemos visto, toma un:

Espacio para respirar

Estás en un buen lugar para una pausa, para retirarte un instante de la mesa del banquete. Luego, cuando estés listo, ve a. . .

Donde aparece el cuerpo

"El cuerpo no es algo que eres, es algo que tienes".

A mi amigo el Dr. Ilchi Lee a quien le di reconocimiento en esta conversación por su brillante tesis sobre el cerebro humano, le gusta decir eso. Otros maestros y filósofos maravillosos como Jean Houston, Ken Wilbur y Barbara Marx Hubbard sostienen lo mismo.

Crece el número de quienes entienden que somos algo más que cuerpos, algo más que mente y también, incluso algo más que alma. Somos la combinación de las tres y sin duda el todo es mayor que la suma de sus partes.

El ser total que somos es energía pura, a la que puede llamarse espíritu. Tu cuerpo es un paquete de energía. Por tanto, tu mente también. Lo mismo que tu alma. En resumen, eres un ser espiritual que tiene una experiencia física.

Lo físico debe entenderse como ilusorio en el sentido que no es ni dónde estás ni quién eres.

Donde realmente te encuentras es en el lugar del ser puro, que es también quién eres. En el reino de dios, quién eres, dónde estás, cuándo eres y qué eres son todos lo mismo.

Necesitas considerar un momento las implicaciones de esa afirmación. Es necesario que lo hagas, es decir, que lo hagamos. Nuestro fracaso es considerar las implicaciones que crean la ilusión en que vivimos, y la desgracia en que se ve sumergida la humanidad día a día. Dije que, quién eres, dónde estás, cuándo eres y qué eres, son lo mismo. A lo que llamo "Dios", puedes decirle como quieras, pero no ignorarlo, no hacer como si no existiera este contexto mayor dentro del cual la vida se expresa a sí misma.

Aquí hablamos de tu esencia, de la energía en bruto de la vida que no es física, aunque se guardó en un cuerpo para conocerse en su propia experiencia. Esta es la expresión del triunvirato de la divinidad.

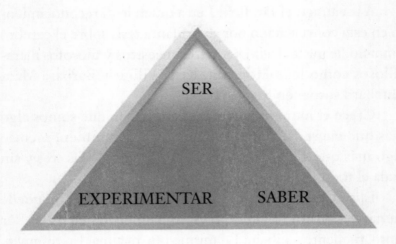

El milagro de lo físico se logra por medio de la energía y la esencia, a través de un proceso cuya mejor manera de describirlo es: "una aceleración del espíritu".

El sonido básico del universo es la nota más baja de la escala de la sinfonía de Dios. Es el sonido del om, de tan baja vibración, que casi suena siniestro. En los últimos años, los aparatos que escuchan la profundidad del espacio han captado este sonido. Es la vibración original. Es la energía y la esencia, oscilando a su velocidad más baja.

Cuando esta velocidad aumenta, el tono sube, desde la vibración profunda hasta la melodía sutil de la vida que conocemos. Todo empieza con la primera vibración. Todo empieza con el sonido: "en el principio era la palabra. . .". Y el sonido dijo: que haya Luz y el sonido osciló con tal rapidez que su Esencia se volvió blanca por calor. Y nació la luz.

Luego, a través de un proceso sencillo y elegante de desviar su oscilación entre diversas frecuencias, la energía y la esencia; produjeron otras manifestaciones físicas. Y el sonido profundo de om se convirtió en la dulce presencia de la vida. "Y la Palabra se hizo carne, y habitó entre nosotros".

Mientras más rápido vibraban la energía y la esencia; es decir, mientras más alta era la frecuencia de sus oscilaciones, más sólido parecía lo que no es sólido.

Piénsalo así: si un punto de energía se puede mover lo suficientemente rápido en línea recta entre el punto A y el punto B, se verá como si no estuviera ni en el punto A ni el punto B, sino en todos los puntos que están en medio. Es incomprensible que la velocidad haga que ante el ojo humano parezca que no está en ningún lugar en un momento dado, sino en todas partes al mismo tiempo, porque se mueve tan rápido, que no podemos "distinguirlo" en ningún bloque de tiempo y espacio individual. Por tanto, la rapidez de este movimiento hace que el punto parezca una línea sólida entre A y B.

Puedes comprobarlo con un pequeño experimento, pega un punto negro grande en la punta de un popote transparente. Sostén ahora el popote frente a tu cara y muévelo de izquierda a derecha contra una pared blanca. Naturalmente, verás que el punto se mueve, y podrás indicar exactamente dónde se encuentra en cualquier momento. Aumenta ahora la velocidad con la que mueves el punto, hasta que llegues a mover tu mano de ida y vuelta tan rápido que no veas que el punto se encuentra en un lugar u en otro, sino en todos al mismo tiempo. Si entrecierras los ojos un poco te parecerá ver una línea recta.

La mente humana no puede computar los datos con suficiente rapidez para incorporar los nuevos datos que ve. El flujo de datos es más rápido que la capacidad de la mente para analizarlo. Por tanto, la mente no sabe qué ve.

El mundo es dos por ciento materia y 98 por ciento espacio, pero ante nuestros ojos se ve "más claro que el agua" como si fuera exactamente lo contrario.

Vivimos en un mundo de ilusión. Pero así lo creó propositivamente la inteligencia generadora. La mente es un dispositivo bellamente diseñado para analizar una cantidad limitada de datos que parte de una fuente ilimitada. Su objetivo nunca fue comprender todo a la vez, puesto que ésa es la función del alma. De igual manera, el cuerpo es un dispositivo.

Tu cuerpo es la manifestación física del espíritu en una forma particular en un lugar en particular a una hora particular para el propósito particular que tiene que ver con la Particularización de cada partícula del todo.

El todo es lo que no es particular. Es todas las cosas y por tanto, no es nada en particular. Pero en todas las cosas no podría experimentarse a sí mismo como todas las cosas, porque no había nada más con qué compararlo. Por eso decidió individualizarse a sí mismo para que todo lo que es pudiera experimentarse a sí mismo como particular.

Este proceso de particularización creó lo que he llamado aquí el terreno de lo físico. Una vez más, es un proceso por medio del cual la vibración original aumentó la frecuencia de su oscilación.

El todo de ti es maravilloso, lleno de maravillas, la menor de ellas es tu cuerpo. Luego tu mente, y lo mejor, el alma. Tu alma es tan maravillosa que puede impactar de hecho a tu cuerpo y, en realidad, a todas las cosas físicas.

Es decir, tu mente puede crear tu realidad física.

Eso dije. . . tu mente puede crear tu realidad física.

No sólo puede hacerlo, sino que lo está haciendo. Tu mente está creando tu realidad todos los minutos de todos los días, lo sepas o no. La pregunta no es si el que eres está creando tu realidad, sino sólo si lo estas haciendo de manera consciente o inconsciente.

Tú le das condición física en tu realidad a las cosas al acelerar el espíritu. Éste es el beneficio de lo que puedes llamar pensar rápido. ¿Sabes cuánto elogian a la gente que piensa rápido? Esta capacidad implica más de lo que te imaginas.

Te sorprendería lo rápido que puede pensar tu mente. Puede pensar dos veces más rápido de lo que lo hace normalmente a través del sencillo proceso de ignorar todos los datos del pasado. A esto podrías llamarle pasar por alto el pasado. Y la percepción extraordinaria es que tú le puedes dar instrucciones a tu mente para que lo haga; puedes entrenar a tu mente.

¿Cómo? ¿Cómo puedes entrenar a tu mente a ignorar todo lo que piensa que sabe sobre un tema? Dando un salto cuántico hacia el estado de alerta del alma. Siempre, en todo momento, la decisión que tomarás es: ¿Debo considerar los datos de la mente o el estado de alerta del alma? Cuando te desplazas hacia el estado de alerta del alma elevas tu conciencia a lo alto del triángulo, al lugar del ser. Ser o no ser, ése es el dilema.

Viene ahora la ironía de cómo funciona todo lo que acabo de describir. . . ¿Estás listo para la ironía suprema? Se trata del secreto de secretos, el que jamás nadie te ha dicho:

Para acceder al estado de alerta del alma, necesitas bajar la velocidad.

¡Un momento! ¿Qué no acababa de decir que tenías que "pensar rápido"? ¡Sí! Tienes que pensar rápido cuando suceden las cosas, lo suficiente para decirte que bajes la velocidad.

Lo primero que querrá tu mente cuando llegue un diluvio de datos, será analizarlos y presentarte las opciones de respuesta. Lo hace con rapidez. Para provocar un corto circuito en el proceso tienes que "pensar rápido". Tan rápido que mientras tu mente empieza a llevarte a las profundidades de tus datos del pasado, le pongas un alto para que pases por alto tu pasado.

Le darás después una nueva ruta a tu energía como sabes, tu mente es energía eléctrica. Sus impulsos pueden medirse físicamente. Vas a dirigir tu energía hacia el estado de alerta y no hacia los datos. Es como cambiar de vía en el patio de la estación, de la vía que regresa al tren exactamente al lugar donde acaba de estar, al ramal que lo lleva a un lugar de descanso. Esto puedes hacerlo de manera literal en el ramal del momento, cambiándote de la mente al alma. ¿Sabes que a ciertas personas las describen por su "mente de un solo canal"? Eso es lo que hay que cambiar. Hay momentos en que todos tenemos una mente de un solo canal. Insistimos en pensar en lo que estamos pensando, (volviendo constantemente a los mismos lugares. Es como si te subieras a un tren durante todo su recorrido, no te lleva a ningún lado. Tu mente termina regresando a donde empezaste.

Entonces, para cambiarlo necesitas proceder con suficiente rapidez para bajar la velocidad.

Debes tener la rapidez necesaria para detener a tu mente en su carrera y desacelerar tu proceso de particularización, bajando tu vibración al nivel de la frecuencia de tu alma. La oscilación de tu alma es tan lenta que no puedes verla.

Sé que esto es exactamente lo opuesto a todo lo que has aprendido, a todo lo que jamás te hayan dicho. Te han hablado de "elevar tu vibración" y de que la iluminación tiene que ver con "elevar la conciencia". De hecho, es exactamente lo contrario. Se trata de bajar tu vibración, de desacelerar hasta la frecuencia de lo invisible, de acercarse al sonido fundamental. Por esa razón los monjes y otras personas que meditan suelen sentarse juntos y cantar el sonido "Om" en tono profundo e intenso. Se trata de bajar la velocidad de la vibración. Se trata de salirte de tu mente.

¿Y el papel del cuerpo en todo esto? Como ya lo dije, constituye sencilla y únicamente un instrumento. La pregunta es: ¿lo estás usando como instrumento de la mente o como instrumento del cuerpo? Y lo que afirmo es que, en el mejor de los casos, debe ser instrumento de ambos.

No quiero que vean a la mente como al enemigo, porque no lo es. Sin duda, es una máquina milagrosa. Pero debemos dejar que haga la tarea para la que se diseñó, y el alma también, recordar que somos seres constituidos en tres partes, y que el cuerpo, también "máquina milagrosa" resulta la menos milagrosa. Es un dispositivo, que está a nuestras órdenes.

Por eso no deben atraparnos las cosas del cuerpo. Naturalmente debes cuidar tu cuerpo (como cuidarías tu coche, tu casa, o cualquier pertenencia valiosa. Pero no te confundas en cuanto a quién eres.

Tú no eres tu cuerpo. Tú no eres tu mente. Tú ni siquiera eres tu alma, porque eres los tres y más. Eres el espíritu que forma las tres partes. Tú eres la energía, la esencia.

El amor propio

Por favor no te arrepientas
de todos los momentos que te trajeron
aquí.
Si estás leyendo esto,
tu perseverancia recibió respuesta
y una gracia se aproxima.
Sujétate suavemente a donde estás.
Y como nudos en una cuerda que marcan tu avance,
mano tras mano
continuarás ascendiendo,
a veces por el éxtasis
a veces por la agonía
más alto
siempre hacia la luz.
Esta misma fórmula una
y otra vez.
Hasta el día que te encuentres
sólo un faro;
sólo llama.
En un lugar donde hasta el propio amor llegó desanudado.

Em Claire

La vida es una maravilla

HE CONOCIDO mucha gente que nunca piensa realmente sobre la vida. "Estoy demasiado ocupado", me dicen. "Eso se lo dejo a los escritores y a los poetas".

Por esa razón muchos habitan un mundo donde las cosas continúan como dicen, nadie quiere que continúen. "¿Cómo es posible que seis mil millones de personas quieran lo mismo y no lo consigan?", se preguntan. "¿Qué tipo de mundo es este?", quieren saber, o, en las palabras de la conmovedora canción de Peggy Lee: "¿Eso es todo?", pues si es todo... que alguien mande a los payasos, porque debe ser un circo.

Pero no es un circo, es una sinfonía bellamente orquestada, con Dios como director y nosotros como músicos. Lo único que debemos hacer para tocar música bellísima, es crear la partitura.

Cuando vemos la vida como realmente es, súbitamente cobra sentido. Los cambios que suceden se ven como regalos

y no como cargas. Por lo que los cambios futuros serán de-
mostraciones de la creación y no pruebas de resistencia.

La vida es un proceso. No es algo que "simplemente
sucede", es algo que está sucediendo propositivamente. La
vida fue diseñada para algo. ¿Cuál es el resultado que la vida
está tratando de producir?

Ésa es la pregunta del momento. De hecho, del siglo. La
respuesta puede ofrecerse a dos niveles:

UNIVERSALMENTE: La vida es un proceso por medio
del cual Dios expresa a Dios, experimenta a Dios y expande
a Dios.

INDIVIDUALMENTE: El objetivo de la vida es producir para ti una experiencia directa de quién eres realmente,
y luego, una oportunidad de pasar al siguiente nivel en tu
expresión de eso.

En términos sencillos, el objetivo de la vida es conocer
la vida y expresar más vida a través del proceso de la vida
misma, manifiesto a través de todas las individualizaciones de
vida, en este caso tú.

> *La vida cumple con su objetivo a través del*
> *proceso llamado cambio.*

Es decir, la vida (Dios) está cambiando siempre con el fin de
siempre estar creándose y recreándose a sí misma una y otra
vez, para expandirse. Muchos creen que Dios (como opuesto
a humanos) provoca el cambio, en el sentido que Dios provoca todo. Pero, ¿así es? ¿Hay en realidad un Dios, en el
sentido de un Ser Supremo que existe fuera y separado de
nosotros que haría o podría hacer eso? Y si así fuera, ¿por qué
provocaría Dios un cambio y no otro? ¿Por qué Dios haría

"esto" y no lo "otro" favoreciendo a una persona o proyecto? ¿Cuáles son los criterios de Dios?

Sí, hay quien cree que Dios mueve las palancas, por razones que sólo él conoce y, supuestamente los que siguen la única y verdadera religión, la que sea en cualquier caso en particular.

Entonces, ¿cuál es la verdad sobre todo esto? ¿"Dios" está moviendo las palancas? ¿O la vida es un proceso que funciona por sí mismo?

La respuesta a ambas preguntas es no. "Dios", como ese Ser Supremo separado no mueve las palancas y la vida no es un proceso que funcione por sí mismo.

La maravilla de la vida es que constituye un proceso en el cual tú, en tanto ser que siente, pleno de conciencia y estado de alerta personal, tiene la oportunidad de crear su propia experiencia y su propia realidad, de conocerte a ti mismo como muestras ser, de expresarte a ti mismo como llegaste a ser y, por último, de recrearte a ti mismo como deseas ser en la próxima gran versión de ti mismo. La maravilla de la ida es que toda la raza humana, en conjunto, ¡tiene la misma oportunidad! Estamos, día a día, cocreando nuestra realidad colectiva. Lo maravilloso de la vida es que constituye una aventura gloriosa y un dulcísimo viaje, aunque sé y entiendo que no parece serlo para muchas, muchísimas personas. De hecho, cuando veo el sufrimiento de los demás es cuando más tentación siento de olvidarme de mi idea sobre la maravilla de la vida, sobre este universo como un ambiente cordial, y sobre Dios como un Dios amistoso.

Ya hablamos de esto antes, y he dado varias respuestas a este acertijo. Pero sigue habiendo momentos en que mi mente se confunde y mi corazón se endurece y en que sólo mi alma se encuentra en paz en medio de todas las tribulaciones que presencio en la vida de otros, o incluso en mi propia vida.

¿Por qué las tribulaciones? Pregunto, aunque yo mismo he dado la respuesta. ¿Por qué las tragedias? Lloro. Y el alma responde. . .

Una vez más, dulce, amado y compasivo mío, tú no conoces ni puedes conocer cuál es la "tarea del alma" que se le asignó a (y que aceptó) otra bendita individualización de Dios. Pero, ¿no puedes creerme cuando te digo que ningún aspecto de la divinidad puede a nivel del alma, ser víctima o sufrir daño en modo alguno? Yo sé que a nivel humano se puede lastimar y victimizar. Pero te digo: la manifestación exterior es parte del viaje interior de todas las identidades y no puede explicarse ni entenderse por completo en términos humanos a causa de las limitaciones de la perspectiva humana actual. Pero esta perspectiva puede cambiar. Y lo hará. Lo único que necesita la especie humana es un modificador más aquí y allá, una persona más que se comprometa con el cambio que cambiará todo.

Luego el alma me inspiró a escribir: Déjame ver si puedo darte una pizca de percepción de una verdad mucho más elevada y mucho más compleja que la que puedas haber considerado antes. ¿Alguna vez has hecho algo por ti mismo, por alguien más, o por una causa, que parecía lastimarte o dañarte de alguna manera, y que sin embargo hiciste, a nombre de un bien mayor?

Me quedé un rato pensando en eso. Recordé las cosas que he hecho por mí mismo que "parecían" lastimarme o dañarme, pero que en realidad, a la larga, eran "para mi propio bien". No tardé en contar con una lista de buen tamaño.

Luego revisé las cosas que he hecho por otros y que no me hacían ningún bien, y que de hecho me dañaban de alguna manera, pero que de todos modos hice porque amaba a esa otra persona, o a ese proyecto. De nuevo, no tardé en contar con una lista bastante buena. Así, el alma me inspiró a preguntarme: ¿Puedes empezar a entender que las almas pueden estar haciendo eso mismo? ¿Te parece posible que los seres de alma hagan esto como parte de su viaje, para progresar en su evolución o en la evolución de otro?

Tuve que admitir haber adquirido una mejor comprensión conceptual de esto. Luego, de pronto, vi una "película" dentro mi cabeza. Tenía que imaginar un intercambio entre mí mismo y otra alma. En mi visualización yo caminaba por la banqueta en alguna ciudad y me cruzaba con una indigente recargada en un edificio, con la ropa sucia, el pelo grasoso de no habérselo lavado en semanas, y con un olor. . . bueno, interesante, por falta de una descripción mejor.

La indigente se me acercaba al pasar un pequeño vaso de papel. "¿Le sobra alguna moneda?", murmuraba.

Ay, esta misma persona se encuentra en el mismo lugar seis días a la semana, me decía a mí mismo. Qué bien armado tiene su teatro. ¿Para qué molestarse siquiera en buscar trabajo si puedes embolsarte no sé cuántos dólares sólo parándote a pedir?

Yo seguía mi camino sin voltear a verla, pero regresaba a reclamarle: "Dime una cosa, ¿Por qué no buscas un trabajo como toda la gente en vez de pararte aquí a pedir dinero?"

"Si lo hiciera", respondía la mujer del costal, "¿quién estaría aquí para permitirte ver quién eres realmente?"

Yo quedaba sorprendido por la respuesta. Sorprendido y en silencio.

Te invito ahora a que te desplaces hacia ese silencio. Considera su respuesta. ¿Cómo la sientes? ¿Cuál es tu respuesta intuitiva? Piénsalo mientras te preparas para el último capítulo de este libro. Mientras te preparas para la actitud final.

Sin razón

"Déjame verte",
dije otra vez a Dios.

Y luego pasó:
Quedé encinta de la luz.
Mis ojos eran aurora y ocaso.
Las pecas anunciaban planetas y estrellas,
que brillaban en mis mejillas.
Cada uno de mis labios se volvió beso para el otro,
mis oídos escuchaban la vida del mar.
Entre mis ojos había una rueda índigo,
entre los dedos de mis pies, campos dorados.
Mis manos recordaban subirse a los árboles,
mi cabello, los dedos de cada amante.

Y luego murmuré,
"¿por qué me hiciste así?"
Y respondieron:

"Porque nunca antes había tenido tu nombre,
ni oído cómo lo cantas".
Ni contemplado el universo a través de ojos como estos.
Ni reído así, ni sentido el rumbo de esas lágrimas.

Porque no he conocido el éxtasis,
ni subido a las alturas,
ni experimentado
los matices de la inocencia
con la que creas tus detalles,
ni cómo un corazón puede ser tan grande,
o romperse tan fácilmente
o amar
con tanta sin razón.

Em Claire

La novena actitud

HE AQUÍ LO que entiendo ahora: Algunas almas son co-creadoras de experiencias que con toda claridad, a nivel humano, las lastiman y las dañan. Nadie puede saber por qué hacen eso.

Tal vez hayan llegado a su encarnación presente para experimentar el "otro extremo" de algo que le hicieron a otros en una vida anterior. Quizá hayan venido para darle a otras almas la oportunidad de experimentarse a sí mismas de alguna manera en particular.

Quizá hayan venido para constituirse en "participantes" o "actores" de alguna "escena" mayor del teatro de la vida, y su actuación le permitirá a gran cantidad de seres humanos de pronto darse cuenta de algo singular. Me vienen a la mente los que murieron en las tragedias del 9/11. . . y los millones que fueron asesinados en el Holocausto.

No conozco, ni pretendo conocer, la agenda del alma que muere de hambre o sufre abuso sexual o ha sufrido una pérdida tras otra en su vida, ni de quién de alguna otra manera ha llevado una vida de lucha, dolor y tristeza.

Sólo puedo tener la disposición de anhelar que termine su sufrimiento, de darme cuenta de la parte de mí que quiere que nadie sufra y que nada sea sujeto de abuso y, como recomienda Mary O'Malley, de dejar que se rompa mi corazón como lo hago, porque cuando mi corazón se rompe, se abre. Sólo puedo honrar a esas personas y su sacrificio y su viaje y las decisiones que ha tomado su alma para entender ese camino.

Luego puedo decidir quién soy en relación con ellas.

¿Quién soy, y quién elijo ser, en relación con los niños que mueren de hambre en el mundo? ¿Quién soy, y quién decido ser en relación con los oprimidos y desvalidos? ¿Quién soy, y quién elijo ser, en relación con los que carecen de afectos y están llenos de desventajas, con los repudiados y los desconectados, los desposeídos y los privados de derecho al voto? ¿Quién soy y quién elijo ser?

Ése es el dilema. Eso es lo que la vida me da oportunidad de decidir. Y de la misma manera, ¿quién soy y quién elijo ser en relación con mi propia buena suerte?, con los regalos que he recibido, los talentos que se me han permitido desarrollar, la amabilidad que he experimentado, las oportunidades que se me han ofrecido, la inteligencia que se me ha permitido poseer, el éxito que he podido experimentar.

¿Qué quiero hacer de esta vida, y de mi Yo sagrado en relación con él? Ése es el dilema. Eso es lo que la vida me da oportunidad de decidir. Y la vida que he vivido es mi decisión y mi respuesta. Tú te enfrentas a la misma oportunidad. Eso lo sé. El universo conspira a tu favor. Pone ante ti en todo momento a todas las personas, circunstancias y situaciones correctas y perfectas con las cuales se responde la única pregunta de la vida: ¿Quién soy?

¿Ya lo decidiste?

Estoy seguro de que sabes que hay dos maneras de decidir cualquier cosa. Una es decidirlo y otra es no decidirlo. Pero recuerda siempre: no decidir es decidir. Lo importante es no permitirte que se te defina por omisión. Si crees que no decides al no decidir, cometes un error. Si no tienes cuidado, la mayor decisión que jamás hayas tomado podría ser la decisión que nunca tomaste.

Seamos claros: toda la vida es una decisión. Estás decidiendo, con cada verdad que asumes, con cada pensamiento que concibes, con cada emoción que expresas, con cada experiencia que produces, estás decidiendo quién eres y quién eliges ser.

Todo acto es un acto de autodefinición.

Todos los cambios en la experiencia colectiva de la humanidad se han creado a través de la experiencia colectiva de la humanidad, y todos los cambios en la experiencia singular de tu vida se han creado a través de la experiencia singular de tu vida. Ya lo dije antes y lo repetiré: la vida es una energía que se alimenta de la vida misma. La vida se autoalimenta y se autocrea. La vida le informa a la vida sobre la vida a través del proceso de la vida misma.

Cuando sucede un cambio se debe a que hay algo en tu vida que no funciona, y tú buscaste cambiar eso. Quizá pienses que no lo hiciste y tal vez no tengas alerta consciente de haberlo hecho, pero así fue, te lo aseguro, y se lo aseguro a los que cocrearon contigo.

Permíteme darte un ejemplo de cómo sucede. Un hombre vuelve a casa todos los días después de trabajar, de mal humor por el ambiente de su oficina. Ha llegado a disgustarle su trabajo, a despreciar a su jefe, a no tenerle respeto a sus compañeros, a menospreciar a la empresa en general. Sin embargo, es un hombre listo, y como no tiene el menor prospecto de otro trabajo, logra encubrir bastante bien sus verdaderos sentimientos. No dice nada negativo, no critica, no muestra antipatía y superficialmente se ve como un empleado leal y modelo.

Tras meses de lo mismo, de pronto lo despiden. Abatido. Se va. No logra entender. ¿Qué hizo para merecer esto? Nada. La respuesta es, nada. Pero sí hizo algo para crearlo. Sus energías negativas, ocultas adentro como estaban, crearon el campo de energía del que surgió el cambio al que se enfrentó abruptamente.

¿Puedes creer esto? ¿Crees que ésta es la manera en que algo así puede suceder? Ten confianza en lo que te digo: sucede exactamente así.

"Lo que el hombre piensa dentro de su corazón, es lo que es". Si piensa día y noche: "Odio este lugar, quisiera jamás volver a aquí", su deseo se hará realidad, aunque jamás profiera una sola palabra. La vida es como un genio que se salió de la botella, nos dice: "Tus deseos son órdenes".

Veamos ahora tu situación actual. A diferencia de la historia sobre el hombre que aborrecía su trabajo, lo que está sucediendo ahora en tu vida es un cambio que no deseabas, ni siquiera en tus pensamientos más recónditos, que sucediera. Todo se presentó en contra de tu voluntad. Entonces, ¿cómo funciona?

Muy sencillo. Quizá no hayas deseado que este cambio sucediera, pero en algún nivel debes haber sabido que podría pasar, incluso que pasaría. Y este conocimiento no era menor. Era un gran conocimiento dentro de tu corazón.

Tu conocimiento es lo que crea la energía más potente, no tus deseos. De hecho, el conocer derrota al desear siempre. Se debe a que conocer tiene un enorme poder tras de sí. Desear es débil, endeble. "Saber con seguridad" es el tipo de fe que mueve montañas. Alguien dijo una vez: "Lo que sabes es lo que es".

Puedes desear ganarte un millón de dólares en la lotería, pero si sabes que no tienes muchas posibilidades, no tendrás muchas posibilidades. Puedes desear salir con la persona más admirada de la escuela, pero si sabes que no tienes muchas posibilidades, no tendrás muchas posibilidades. Puedes desear sentirte bien respecto al enorme cambio que está sucediendo en tu vida, pero si sabes que no tienes muchas posibilidades, no tendrás muchas posibilidades.

Ah, sí. . . "si sólo por desearlo se realizara".

Bueno, desear es un buen comienzo. Pepe Grillo tenía razón, pero al final, debes convertir ese deseo en estado de alerta en cuanto a que lo que deseas será realidad. Debes saber que así será.

Pero, ¿qué te dices a ti mismo después si, ya dijiste e hiciste todo, y no sucedió? Debes permitirte recordar que siempre estás creando a tres niveles de creación: el nivel subconsciente, el nivel consciente y el nivel superconsciente. En el nivel superconsciente es donde te unes con las demás almas en una colaboración de proporciones cósmicas que permite que existan las condiciones perfectas, que permite que las almas participen para evolucionar hacia el próximo nivel superior.

De manera que la realidad que produjiste, el cambio que estás experimentando en este minuto, no es algo que hayas creado sólo. El hecho es que lo creaste en colaboración con otros. Y todos los demás "jugadores" de tu juego de la vida lo crearon contigo. Juntos crearon el resultado. Por razones que conocen con claridad ustedes. De una manera útil para la agenda de todos.

Ésta no es más que otra manera de decir que todo pasa para bien.

Y cuando sabes que todo pasa para bien, todo lo que pasa es bueno para ti. La ironía de esto es que cuando todo lo que pasa es bueno para ti, instalas un campo de energía de tanta ecuanimidad y armonía con el universo, que la ley universal de la atracción lleva más ecuanimidad y armonía a tu vida.

El alma sabe que el proceso de la cocreación nunca afecta la voluntad individual de nadie. Nada puede suceder en contra de tu voluntad interior. Ni siquiera tu muerte. En especial tu muerte no. Una exploración más completa e inspiradora sobre este tema en particular aparece en *Home with God in a Life that Never Ends* (*En casa con Dios en una vida que nunca acaba*).

Dado quién y qué eres, divinidad individualizada, es imposible que suceda cualquier cosa que viole tu más elevado deseo. Los entretejidos de la vida siempre están en armonía mutua. Por tanto, en algún nivel debes haber estado de acuerdo con todo lo que ha sucedido y está sucediendo. Si te ocurrió a ti, ocurrió a través de ti.

Por eso el alma nunca es infeliz. ¿Qué razón tendría para ser infeliz si siempre recibe lo que pide?

Por qué puede querer lo que recibe es otra cosa.

La respuesta: siempre hay una razón unida al deseo del alma de evolucionar. A veces el alma evoluciona con más rapidez al renunciar a lo que quiere la mente, a favor de lo que pueda necesitar alguien más, o de lo que pueda requerir una situación. Quizá esto no sea bueno para la mente, pero siempre lo es para el alma.

De modo que no te recrimines. No consideres que te equivocaste, ni te reprendas o castigues por cualquier resultado de tu vida que hayas generado, consciente o inconscientemente, que definas como negativo. Más bien, ten compasión de ti mismo si no entiendes las razones mayores de estos resultados, después alábate por tu habilidad de enfrentar los resultados y salir adelante, luego felicita a la parte magnífica de ti que encuentra el camino para pasar a través de ellos y, por último, celebra ese aspecto de ti que ve, en un análisis final, el beneficio que has recibido como producto de ellos.

Sabrás que has cambiado tu idea en cuanto a la vida cuando llegues primero a la última conclusión. Verás que la vida y que todo en la vida es una oportunidad, no un obstáculo; una gracia, y no una desagracia; un regalo, y no un arponazo. Y tu actitud en cuanto a la vida misma se recreará a sí misma en la vida misma. Luego de cambiar tu idea en cuanto a la vida y su propósito, te encuentras a sólo un paso de cambiar tu idea sobre ti mismo, de cambiar tu propia identidad.

Hazlo, y cambiarás todo. Y eso es algo que quizá desees. Ahora, toma un:

Espacio para respirar

Cuando estés listo, ve a. . .

Caminar a casa

William Shakespeare lo expresó con exactitud: "Hay más cosas en el cielo y la tierra, Horacio, de lo que se sueña en tu filosofía".

La última actitud de la lista, bien podría ser la primera. Si toda la especie humana hiciera una modificación general hacia esta nueva forma de pensar, hacia esta nueva manera de asumir la propia experiencia de la vida, todos los momentos de todos los días de la vida de todas las personas del mundo se transformarían para siempre. Te invito a conocerla.

Actitud 9:

CAMBIA TU IDENTIDAD

Cuando era niño, de hecho, desde que tenía unos ocho o nueve años hasta el momento en que salí de mi casa familiar mi padre me hacía siempre la misma pregunta, en general más o menos cada dos semanas: ¿Y quién te crees que eres?

Su pregunta nacía de la frustración, pero si pensaba que él estaba frustrado, bueno hubiera sido que viviera mi realidad. Yo no tenía la menor idea de quién era yo, o de lo que hacia aquí, ni tenía concepto alguno de lo que era la vida, ni de por qué era así. No podía entenderla, no estaba de acuerdo con ella y no quería nada de ella. Pero dejarla no me parecía una opción atractiva.

(De hecho, hubo ocasiones en que realmente pensé que podía hacerlo. Me hace feliz decir que atravesé esos tiempos sin sucumbir a la tentación de terminar con la experiencia más maravillosa que puede tener un alma. De seguro mi proceso era un poco tambaleante. Sin duda con pequeños obstáculos. Pero lo salvé. ¡Gracias, Dios!. Adquirí la esperanza de que en algún lugar, en algún lugar se encontraba la respuesta a todo esto; la razón de todo, una manera de que cobrara sentido. Me imaginé que había sólo algo que yo no entendía, y que al entenderlo todo cambiaría.

Después de mis *Conversaciones con Dios*, supe que nunca encontraría lo que era ese "algo" en los datos del pasado que guardaba mi mente. Supe que tendría que conectarme de alguna manera con una fuente mayor. Supe que tendría que comulgar periódicamente con mi alma.

Lo hice a mi manera. Ya dije que hay más de una manera de meditar. La técnica de meditación que describí en páginas anteriores es una forma, y muy buena, para acallar la mente y conectarse con el alma. Pero no es la única, ni necesariamente, la mejor para todos.

Para muchos es muy difícil sentarse en silencio a meditar. Les parece que el "arte de la meditación" es algo que les resulta imposible. Así me sentí durante mucho tiempo, porque soy impaciente por naturaleza, y sentarme a meditar en silencio era algo que no toleraba bien. Luego alguien me introdujo a meditar caminando y todo cambió para mí en torno a la idea de la meditación. De pronto se volvió algo que sí podía hacer.

Lo primero que sucedió cuando conocí la meditación caminado es que se desvaneció por completo toda mi idea sobre lo que es la meditación, para sustituirla por un panorama mucho más claro y conciso de lo que pasaba. Para mí la meditación siempre significó "vaciar la mente" dejando espacio para "el vacío" para poder moverme de manera consciente hacia "la nada" que es el "todo", o algo parecido.

Según yo, debía "vaciar mi mente", para ello, necesitaba sentarme en un lugar, cerrar los ojos y "no pensar". Eso me volvía loco, ¡porque mi mente nunca se apaga! Siempre está pensando y pensando, pensando en algo, así que nunca fui bueno para sentarme con las piernas cruzadas, los ojos cerrados y concentrarme en la nada. Como me sentía frustrado, casi nunca meditaba, y envidiaba a quienes decían hacerlo, aunque en secreto me preguntaba si realmente lo lograban.

Después una gran maestra de mi vida, me dijo que mi idea sobre la meditación estaba equivocada. La meditación, me comentó, no tiene que ver con vacío, tiene que ver con foco. En vez de intentar sentarte en silencio y no pensar en nada, me sugirió que "meditara caminando" y que me moviera, parándome para enfocarme en cosas atractivas que saltaran a mi vista.

"Considera un filamento de pasto, me decía, considéralo. Míralo de cerca. Obsérvalo con intensidad. Considera todos sus aspectos. ¿Cómo se ve? ¿Cuáles son sus características específicas? ¿Cómo se siente? ¿Qué fragancia tiene? ¿Cuál es su tamaño, comparado contigo? Míralo de cerca. ¿Qué es lo que te dice sobre la Vida?"

Luego, me dijo: "Experimenta el pasto en su condición completa. Quítate los zapatos y los calcetines y camina descalzo sobre el pasto, piensa sólo en tus pies. Enfoca tu atención en la planta de tus pies y considera muy exactamente lo que sientes ahí. Dile a tu mente que no sienta nada más, por un instante. Ignora todos los datos que lleguen excepto los que proceden de la planta de tus pies. Cierra los ojos, si eso te ayuda.

Camina despacio y con libertad, permitiendo que cada paso lento y suave te diga algo sobre el pasto, Abre después los ojos y mira el pasto que te rodea. Ignora todos los datos que lleguen excepto esos, que provienen de tus ojos y de tus pies. Enfoca ahora tu sentido del olfato, y fíjate si puedes oler el pasto. Ignora todos los datos que lleguen excepto los datos sobre el pasto que provienen de tu nariz, tus ojos y tus pies. Fíjate si puedes enfocar tu atención de esta manera. Si puedes, experimentarás el pasto como nunca lo has experimentado antes. Sabrás más de lo que nunca has sabido del pasto, a un nivel más profundo. Nunca volverás a experimentarlo de la misma manera. Te darás cuenta que has ignorado el pasto toda tu vida.

Luego, mi gran maestra me dijo que hiciera lo mismo con una flor. "Considérala. Mírala de cerca. Obsérvala intensamente, que significa con intención. Considera cada uno de sus aspectos. ¿Cómo se ve? ¿Cuáles son sus características específicas? ¿Cómo se siente? ¿Qué aroma tiene? ¿De qué tamaño es, comparada contigo? Mírala de cerca. ¿Qué te dice sobre la Vida?

Después, me dijo: "Experimenta la flor en su condición completa. Acércala a tu nariz y vuélvela a oler. No pienses en nada más que tu nariz. Enfoca tu atención en la nariz y considera con gran exactitud lo que experimentas ahí. Dile a tu mente que no experimente nada más, por un instante. Ignora todos los datos que lleguen excepto los datos que provienen de tu nariz. Cierra los ojos, si eso te ayuda. Enfócate ahora en el tacto, y toca con cuidado la flor. Toca la flor y huélela al mismo tiempo. Ignora todos los datos que lleguen excepto los datos de la flor que provienen de la punta de tus dedos y de tu nariz. Ahora, abre los ojos y ve de cerca la flor. Fíjate si todavía puedes percibir el aroma de la flor, ahora que está lejos de ti como para que la veas y la toques. Fíjate si puedes enfocar tu atención así. Si puedes, experimentarás la flor como nunca antes lo hayas experimentado. Sabrás más sobre la flor de lo que jamás hayas sabido a un nivel más profundo. Nunca volverás a experimentarla de la misma manera. Te darás cuenta que toda tu vida has estado ignorado las flores".

Luego, me dijo: "haz lo mismo con un árbol. Camina hacia un árbol y considéralo. Míralo con detalle. Obsérvalo con intensidad. Considera todos sus aspectos. ¿Cómo se ve? ¿Cuáles son sus características específicas? ¿Cómo se siente? ¿Qué fragancia tiene? ¿Cuál es su tamaño, comparado contigo? Velo de cerca. ¿Qué te dice sobre la Vida?"

Experimenta el árbol en su condición completa. Ponle encima las manos y siéntelo en su totalidad. No pienses en nada más que en tus manos. Enfoca tu atención en tus manos y considera con exactitud lo que experimentas ahí. Dile a tu mente que no experimente nada más, por un instante. Ignora todos los datos que lleguen excepto los que provienen de tus manos. Cierra los ojos, si te ayuda. Enfócate ahora en el olfato, y huele el árbol. Sigue tocando el árbol al mismo tiempo que lo hueles. Ignora todos los datos que lleguen excepto los datos del árbol que provienen de la punta de tus dedos y de tu nariz. Ahora, abre los ojos y ve el árbol con detalle. Mira su altura, y ve si puedes subir con tu consciencia hasta la punta. Fíjate si todavía puedes oler el árbol, ahora que está lejos de ti como para que lo veas. Sigue tocándolo. Fíjate si puedes enfocar tu atención así. Si puedes, experimentarás el árbol como nunca antes lo hayas experimentado. Sabrás más sobre el árbol de lo que jamás hayas sabido, a un nivel más profundo. Nunca volverás a experimentarlo de la misma manera. Te darás cuenta que toda tu vida has estado ignorado los árboles".

Retírate del árbol y pierde todo contacto físico con él. Ve si puedes traer a tu mente la experiencia del árbol parado y mirándolo desde lejos. Experiméntalo por completo. No te sorprendas si puedes olerlo, incluso desde la distancia. No te sorprendas si puedes, en cierto sentido, incluso sentir el árbol desde donde estás. Lo que ha sucedido es que te has abierto a la vibración del árbol. Estás captando la vibración. Ve que tan lejos del árbol puedes pararte manteniendo el contacto. Cuando dejes de tener la experiencia del árbol, acércate, regresa a él. Ve si te ayuda a recuperar el contacto".

"Estos ejercicios", me dijo, "te ayudarán a desarrollar tu habilidad para enfocar tu atención en cualquier cosa que quieras experimentar a un nivel de altura".

"Ahora, camina. Camina por donde vives. En el campo, en la ciudad, da lo mismo. Camina lento, pero con decisión, y mira a tu alrededor. Deja que tus ojos caigan sobre lo que sea. Cuando tus ojos encuentren algo, enfoca ahí de lleno tu atención. Puede ser cualquier cosa. Un camión de basura, un señalamiento, una grieta en la banqueta, una piedra en el camino. Vela con detalle, desde donde estás. Obsérvala intensamente. Prosigue tu caminata, y recoge al avanzar tres cosas que considerarás de la misma manera. Esta caminata debe durar por lo menos media hora. No podrás considerar a profundidad tres cosas en menos tiempo, al principio. Después, serás capaz de considerar algo a profundidad en sólo un momento, en un nanosegundo. Pero ahora lo que haces es practicar. Esto es meditar caminando, y lo que haces es entrenara tu mente para dejar de ignorar todo lo que experimentas. Estás entrenando a tu mente a enfocarse en un aspecto particular de tu experiencia, para que puedas experimentarla por completo. Esta práctica durará tres semanas, y nunca volverás a experimentar la vida de la misma manera.

Luego, da el paso final de la meditación caminando. Camina a la intemperie, o bajo techo, es igual. En realidad puedes caminar donde sea. Ir de la recámara a la cocina será suficiente. Hay mucho que ver, mucho que tocar, mucho que experimentar. Puedes pasarte tres horas nada más con la alfombra, no elijas ningún elemento en particular, haz un encuentro con todo el objeto. Intenta asumir todo el objeto. Trata de enfocarte en todo el objeto al mismo tiempo, toma el gran panorama. Cierra los ojos, si te ayuda. Huele lo que estás oliendo, oye lo que estás oyendo. Siente cualquier cosa que sientes del espacio que te rodea. Abre los ojos y aumenta tu campo visual. Ve todo lo que ves, y nada en particular. Ve todo el objeto. Huele todo el objeto. Siente todo el objeto. Si esto te empieza a abrumar, vuelve a enfocarte en una parte del objeto, para que no pierdas tu balance físico. Con suficiente práctica, pronto serás capaz de caminar en cualquier espacio o lugar y experimentarlo todo a cierto nivel. Sabrás que has estado, literalmente caminando a casa. Habrás aumentado tu condición de alerta, elevado tu conciencia, expandido tu habilidad de estar presente, por completo, en un momento. Hazlo con los ojos cerrados y sentado, en una meditación silenciosa. Así de fácil es".

Sonrió y dijo: "Pruébalo después en el sexo, cuando lo experimentes de esta manera, nunca querrás volver atrás, sabrás que, toda tu vida has ignorado lo que sucede".

Y se rió.

A continuación, hablaré de la meditación de detenerse. Por ahora, buen camino. Nunca pensé que sería correcto decir esto, ¡pero lo es!

Sal a caminar

Cuando estés listo, ve a…

Meditación de detenerse

Hay muchas maneras de meditar, lo que fue para mí un gran descubrimiento, y la que considero una de las más poderosas, es lo que llamé meditación de detenerse. La razón de su poder está en que puede hacerse en cualquier lugar, y lleva muy poco tiempo. Por tanto, le va perfecto a las personas ocupadas, siempre "en marcha".

La meditación de detenerse significa únicamente eso, que sólo por un momento dejamos de hacer lo que hacemos para prestarle atención a algo relacionado con nuestra actividad. La diseccionamos y luego vemos con detalle una de sus piezas individuales. Esto difiere de la meditación caminando, en cuanto a que no tarda media hora ni más, en la meditación caminando salimos deliberadamente a caminar con el propósito de enfocarnos en una experiencia. La meditación de detenerse toma muchísimo menos tiempo, pero nos lleva a lo mismo: enfocar.

La meditación de detenerse puede practicarse en medio de un día agitado. Si se combina con meditar sentado y con la meditación caminando puede crear un potente trino de herramientas que modificarán tu realidad y elevarán tu conciencia en un momento. Pero, aunque se use como la única forma de meditación, puede generar transformaciones. He aquí cómo funciona. Decide que hoy, y todos los días suspenderás seis veces lo que estás haciendo diez segundos y mirarás con detalle e intensidad una de las partes que componen tu actividad. Digamos que estamos lavando los platos. Suspende lo que haces, detente en medio de tu tarea, y trata de ver a profundidad un aspecto del acto. Mira, quizá, el agua. Ve cómo salpica los platos. Ve si puedes contar las gotas de agua que caen el plato que sostienes. Cuenta las gotas. Sé que es imposible, pero hazlo por durante diez segundos.

Considera la maravilla del agua. Mírala a profundidad. Trata de ver su interior. Entra al interior de tu conciencia. Ve qué experimentas ahí, ve qué encuentras. Detente un instante y aprecia ese momento.

De acuerdo, ya pasaron los diez segundos. Retírate de esa realidad que enfocaste y regresa al espacio más amplio de tu experiencia. No te "pierdas" en ella. Parpadea con rapidez, o truena los dedos y literalmente despierta. Luego, durante un momento breve date cuenta de lo que experimentaste. Prosigue lo que estabas haciendo. Pero no te sorprendas si adquiere una calidad totalmente nueva.

Lo que hiciste es en verdad apreciar a algo. "Apreciar" algo es hacerlo más grande, aumentarlo, como una propiedad, por ejemplo, se aprecia en valor. Cuando practicas la meditación de detenerte, aumentas el valor de tu vida. Y de la vida misma. En mi experiencia esta práctica siempre me ha devuelto a un lugar de paz. Para que recuerdes hacerlo seis veces al día, podrías llevar contigo un cronómetro, o poner alarmas en tu reloj. Más adelante, cuando te hayas acostumbrado a hacerlo, te detendrás automáticamente. Lo harás sin necesidad de recordatorios. Si vas caminado por la calle sólo detente un instante y elige una porción de lo que ves para verla de nuevo a mayor profundidad. Sabrás lo que ya sabes de lo que elegiste, pero lo sabrás de una manera más profunda. A esto se le llama "volver a saber", o re-conocer. El objetivo de tu vida entera se reduce a esto: saber de nuevo, reconocer lo que es verdad y quién eres realmente. Quizá al verte reflejado en un aparador. Tal vez cuando veas pasar un autobús, o un perro por la calle, o te fijas en la piedra que está a tus pies. No importa en qué te enfoques durante esos diez segundos. Detente nada más un momentito y aprecia ese momento de manera singular.

Practícalo cuando hagas el amor. Suspende diez segundos lo que estás haciendo, separa el momento en las partes que lo componen, selecciona una parte del momento y trata de verla a profundidad. Puede ser la mirada de la persona que amas. Quizá la sensación que estés experimentando o creando. Detente sólo un momentito y aprecia ese momento de manera singular.

Yo practico esta meditación en las mismas actividades, haciendo el amor es una de ellas. Otra cuando me baño, al comer; por ejemplo, toma un chícharo del plato, o un grano de maíz. Considéralo. Aprécialo. Degústalo totalmente, por completo. Tus comidas nunca volverán a ser las mismas. Bañarte nunca volverá a ser igual, hacer el amor tampoco: tu no volverás a ser el mismo.

Esta es la meditación de detenerse. Toma un minuto diario. Sesenta segundos, en seis sesiones individuales de diez segundos. Seis momentos dentro de los cuales puedes producir la experiencia sagrada.

Hoy, suspende lo que estás haciendo. Sólo suspéndelo. Mira el momento profundamente. Si no haces algo más, cierra simplemente los ojos y enfócate en el sonido de tu respiración. Experimenta la energía pura de la vida moviéndose hacia y a través de tu cuerpo. Sólo durante ese momento, escucha tu propia respiración. Mírate inhalando con más profundidad. Escucharte a ti mismo hace que desees profundizar más en la experiencia, y así empiezas a respirar más profundamente. Es algo maravilloso, extraordinario. El simple hecho de detenerte te hace profundizar. Profundizar en tu experiencia, en la mente de Dios.

Le he recomendado a muchas personas este programa de meditación: 1 meditar caminando en la mañana; 2 meditación de detenerse durante el día, seis veces; 3 meditar sentado por la noche.

El objetivo es crear un foco. Se trata de que enfoques tu atención en tu experiencia. ¿Cuál es la razón de enfocar? Que te permite estar aquí y ahora. Enfocar el ahora te saca del ayer y del mañana. Tú no existes en esas ilusiones. Tú única realidad es este momento, precisamente aquí, precisamente ahora.

En ese estado de alerta se encuentra la paz. También el amor. Porque paz y amor son uno y lo mismo, y tú te vuelves uno y lo mismo cuando entras a la experiencia sagrada.

Practica la meditación de detenerte ahora mismo. Es muy sencilla y sólo tardas diez segundos. Ahora mismo, toma un:

Espacio para meditar

Y, diez segundos después, sigue a. . .

¿Quién eres?

Tuve otro maestro maravilloso que me enseñó la meditación de quién. Es así, siempre que experimentes una emoción que no quieras experimentar, di: "¿Quién?"

Eso es. Pregúntate a ti mismo: "¿Quién está aquí ahora mismo? ¿Quién está teniendo esta experiencia?", si estás solo, puedes expresarlo en un breve canto. Tiene mucho poder. Nada más inhala profundamente y, al exhalar, canta con suavidad pero con fuerza: "¿Quiéééén?"

Prolonga el sonido de la vocal hasta que no tengas aliento. Después inhala y vuélvelo a hacer. Repite tres veces. Habrás desacelerado tu vibración y la parte invisible de ti tendrá oportunidad de manifestarse.

Si no estás sólo, sino en compañía de otros, o en algún lugar público, puedes hacer este pequeño canto en el interior de tu cabeza. Basta con que te hagas la pregunta que sugerí antes: "¿Quién está teniendo esta experiencia?" sin duda podrás identificarte con cualquiera de los diversos "tú" que habitan el interior. Existen el tú pequeño y el tú grande, el tú lastimado y el tú sano, el tú asustado y el tú valiente, el tú desvalido y el tú poderoso, el tú preocupado y el tú seguro de sí mismo, pero lo que espero que suceda, ya que sostuvimos esta conversación, es que cuando hagas la meditación de quién, el canto te lleve directamente al estado de alerta de tu gran Yo, de tu verdadero Yo.

Tú no eres un ser humano, tú no eres la persona que se llama Juan Pérez o María Sánchez. Tú no eres tu cuerpo, mente o alma. Estos son los elementos que te componen, Tú es mucho más grande que cualquier elemento, incluso juntos.

El Tú que eres es Dios, en una forma particular.

Tú eres deidad individualizada, un aspecto de la divinidad, y así son todos y todo lo demás.

Todo el terreno en el que vives y respiras y tienes a tu ser es el cielo. El reino de Dios no es un lugar al que luchas por regresar, sino un espacio dentro del que vives ahora. Es el lugar donde tú estarás siempre, y de todas las maneras. Ese reino tiene tres terrenos: el terreno del conocimiento, el terreno de la experiencia y el terreno del ser. Tu conciencia actual se enfoca en el terreno de la experiencia, que también se conoce como terreno de lo físico o relativo. Mientras estés aquí, tendrás todas las herramientas necesarias para experimentar lo que eres realmente.

No sólo puedes experimentar este terreno, sino que puedes recrearlo por completo mientras lo recorres, para lograr una panorámica estupenda de lo que es la maravilla de la vida y tu gloria.

Sé que esto constituye un cambio de la manera en que pensabas sobre ti mismo. Es un cambio de la manera en que experimentas la vida, un cambio que cambiará todo.

Haz que este cambio sea permanente, que no se reduzca a una idea pasajera; hazlo permanente pues, repito, es un cambio es lo que cambiará todo.

Salgan a jugar

"¡Salgan a jugar!"
Dijo Dios.
"¡Les di universos como campos para que corran con libertad!"
Tengan, para que se arropen,
se llama AMOR,
y siempre, siempre les guardará el calor.
¡Y estrellas! ¡El sol y la luna y las estrellas!
Véanlas muchas veces,
les recordarán mi propia

luz
Y ojos. . . ah, véanse en los ojos de cada enamorado.
Véanse en los ojos de todos
porque les han dado sus universos
como campos para correr libres.
Ahí.
Les he dado todo lo que necesitan.
¡Salgan, salgan, salgan
a
jugar!

Epílogo

Pensamientos finales, pero no adioses

Las personas que leyeron este material como manuscrito antes de publicarse y otras que han participado en talleres y retiros de renovación espiritual donde lo he presentado verbalmente, han hecho una serie de comentarios y planteado varias preguntas que me motivan a aclarar algunos puntos del "modelo". Espero que este *addendum* de consideraciones sea útil también para ti, si tienes las mismas dudas.

Una pregunta frecuente: "En la línea de causalidad, ¿cuál es la diferencia entre creencia y verdad?" es muy buena, mi respuesta es que la estructura no difiere pero la fuente sí. Tanto nuestra "creencia" como nuestra "verdad" son conceptos. Pero en el modelo que he compartido, "creencia" se entiende como un concepto que surge de una percepción que tenemos, en tanto que "verdad" se entiende como un concepto que surge de los datos.

Los datos son información que se extrae únicamente del pasado, información preservada en la mente. La percepción es información que proviene del panorama total de la vida que tiene una persona que, a su vez, parte de la perspectiva del individuo. Si éste opta por la perspectiva del alma, que incluye información sobre el pasado, presente y futuro, en vez de la perspectiva de la mente, la percepción le ofrecerá un panorama que trasciende los datos del pasado.

También me han preguntado cómo puede decirse que el "comportamiento" conduzca a los "eventos" en todos los casos de la vida de la gente, como lo muestra mi línea de causalidad. "En el caso de una pareja de personas mayores que conozco", me cuestionó una señora en un taller en Denver, a quien asaltaron pistola en mano en su propia casa, los asaltantes la golpearon brutalmente: "¿Cómo es que el comportamiento de esta pareja produjo este evento en su vida?"

Esto me llevó a explorar más la línea de causalidad para explicarla después en términos más profundos. Según he llegado a entenderlo, la línea de causalidad contiene dos comodines: el comportamiento y los eventos. Les llamo comodines porque su contenido puede ubicarse en ella en sentido singular; es decir, con participación de una persona, o en sentido plural; es decir, con participación colectiva de lo que conocemos como humanidad.

Todo lo que tiene que ver con perspectiva, percepción y creencia son cosas que nosotros, como individuos, adoptamos por razones personales; vienen comportamientos y eventos, que fluyen hacia cada uno de nosotros a partir de la perspectiva, percepción y creencia, y también de la de los demás.

Aquí, en la línea de causalidad hay una "filtración" o una "fuga" del encuentro con la vida de todos en nuestro ambiente. Esta fuga ejerce un efecto colectivo en los comportamientos y eventos que cada uno encuentra de manera individual en la vida. Sin embargo, esto no significa que no controlemos o creemos nuestra experiencia y realidad. Sin duda lo seguimos haciendo, puesto que después de que sucede el evento, el mecanismo de la mente vuelve a convertirse en un dispositivo bajo la singular influencia de los datos, verdad, pensamiento, emoción y experiencia, para la realidad individual, de tal modo, podría decirse que nada del comportamiento, digamos, de Ronald Cotton, identificó injustamente como violador produjo el evento de estar en prisión once años. Fue algo del comportamiento colectivo lo que produjo el evento, pero después de sucedido, volvió a su singularísima y personal línea de causalidad para crear su propia realidad, donde perdonó a su acusadora y se hicieron amigos, para escribir juntos un libro sobre su experiencia. Me atrevo a decir que esta realidad sufrió una gran influencia de la perspectiva que inicia la línea de causalidad de Cotton, y que produce su percepción personal o panorama del mundo.

Dicho esto, reconozco que el modelo que presento es un trabajo en desarrollo. Está cambiando siempre, lo cual, naturalmente, no sólo resulta muy apropiado para este libro, sino que es el núcleo del mismo; no sólo quienes participan en mis talleres "cambiar todo", quienes me ofrecen percepciones nuevas y me llevan a puntos nuevos de cuestionamiento, también tú lo puedes hacer, y espero que lo hagas, en www.changing-change.net, puedes ver este libro párrafo por párrafo, línea por línea, hacer clic en cualquier palabra o frase y mandar una pregunta u observación. Habrá otros que ya hayan seleccionado la misma parte del texto y preguntado, o que lo hagan en el futuro, para consolidar un vívido intercambio.

La idea es que este libro sea escritura viva, y no una tesis recubierta de concreto que se presenta sin responder preguntas ni retos. Me emociona el concepto de "libro interactivo", espero que a ti también. Por otro lado, muchas personas me han preguntado: "¿Cómo puedo hacer los cambios que se han sugerido aquí?", quieren saber: "¿Por dónde empiezo?" Con gran seriedad preguntan: "¿Qué debo hacer ahora mismo?" Escuchan el mensaje, ven el destino al que pretende llevarlos, pero no saben cómo llegar.

Para ayudarte a que empieces y sigas en esa dirección, hemos creado el "Programa de cambiar el cambio", es un recurso extraordinario que te llevará por el camino, paso a paso, de la transformación de tu vida personal.

El programa incluye la sección: "Esto es lo que puedes hacer ahora"; preguntas que generan motivación, sugerencias prácticas; herramientas mentales, espirituales y emocionales; guía para avanzar en firme, e incluso, asesoría personal si la requieres. ADEMÁS, la forma de convertir lo que aprendiste en aprendizaje para otros. Es decir, la forma de transmitirlo.

Permíteme aclarar lo siguiente. No necesitas el programa para poner en marcha las percepciones que encontraste en este texto. Este libro te da toda la información para arrancar, explicando la mecánica de la mente y el sistema del alma y brindándote la oportunidad de experimentarlos si cobran sentido para ti y te funcionan. El programa es sólo un recurso complementario para quienes deseen profundizar en el tipo de vida que describe este libro, para quienes lo ven, como dijo mi esposa Em al principio, como una práctica.

Con o sin el programa, hay cinco cosas que deben hacerse para poner en marcha, con éxito y fuerza, las 9 actitudes que transformaran tu vida:

Deseo absoluto
Comprensión profunda
Adoptarlo por completo
Actuar consistentemente
Compartirlo ampliamente

Tienes que desear cambiar tu vida y la manera en que experimentas tu vida, más que nada en el mundo. Toda creación de Dios empieza con el deseo. Mientras más poder tenga el deseo, más posible será el resultado. El deseo es una emoción, y la emoción es la fuerza creativa del universo. Por eso es tan triste que muchas personas piensen que las emociones son algo sobre lo que no tienen control. El deseo profundo es el primer paso.

Lo que se te ofrece aquí es una tecnología completa para modificar tu realidad y cambiar la manera en que experimentas el cambio, lo que significa, naturalmente, cambiar tu vida, porque la vida es cambio y el cambio es vida. Estudia muy bien este libro. Si hay algo que no entiendas, visita www.changingchange.net y usa los recursos que se han puesto para explicarlo; el proceso que aborda este libro, no es la única forma de cambiar tu vida de forma contundente y maravillosa, pero es una. No dejes fuera del camino este camino.

Esto no es para adoptarlo parcialmente. Recuerdo el chiste de la gallina y el cochinito: Iban caminando por la calle y encontraron un anuncio que decía: "Huevos con Jamón ¡El desayuno favorito de los Estados Unidos!", la gallina le dijo al cochinito: "¡Mira eso! ¿No te sientes orgulloso?", a lo que él respondió: "Bueno, para ti es fácil decirlo. Tu participación es parcial, pero mi compromiso es total".

Aquí se trata de compromiso total. No de adoptar unos cuantos conceptos; se trata de adoptar todo. Lo que sucede es que aquí hay enlaces. Un tema conduce al otro y de eso depende que todo haga sentido. No puedes proceder con tu transformación personal como en una cafetería poniendo en tu charola unas cosas sí y otras no, tomando un concepto de aquí y una idea de allá. Esto es una comida completa.

Cambiar tu vida significa cambiarla. No significa decidir cambiar tu vida; no significa hablar de cambiarla o leer de cambiar tu vida; este proceso no sólo requiere la adopción total de los conceptos que presento, sino su aplicación consistente y continua, día a día, momento a momento. Aunque pueda parecer una labor ardua, no lo es. Puede ser y, con toda seguridad, siempre termina siendo, gozo puro. Pero debes saber qué conlleva.

Un día un gurú hablaba ante sus estudiantes, cuando uno de ellos le dijo: "Maestro nos has dado clases durante meses y parece que nadie se acerca a la iluminación. ¿Qué se necesita?". El gurú sonriendo, respondió: "Debes llevarte un colador al océano y llenarlo de agua"; los estudiantes no entendieron; murmuraban: "Este gurú no es auténtico. Todo el mundo sabe que no puedes llenar un colador de agua. Se sale. Ése es el problema con lo que nos enseñan. Suena bien, pero de ahí no pasa". Y sus estudiantes lo abandonaron. Todos menos uno. Una joven que le dijo: "Maestro, yo sé que el problema no es su enseñanza, sino mi comprensión. Ayúdeme a entender". Lleno de compasión el gurú respondió. "Ven conmigo" y la llevó a una tienda donde compró un colador. Luego la llevó a la orilla del mar. "Tómalo", le indicó, "llena este colador de agua".

Ansiosa por aprender, se acercó al agua y sumergió el colador. Cuando se lo trajo toda el agua se había salido. Él solamente sonrió. "Llena el colador de agua", le dijo tranquilamente, y ella volvió a intentarlo, pero cuando se lo llevó, el agua se había salido. Él sonrió. "Llena el colador de agua", le dijo con voz suave, y ella lo volvió intentar, segura de que no le pediría que hiciera algo que no pudiera. Pero de nada sirvió. Corrió lo más rápido posible con el colador, pero cuando se lo entregó el agua se había salido. "Llena el colador de agua", dijo simplemente, y ella volvió a intentarlo, esta vez sumergió el colador, se dio la vuelta y corrió tan rápido, que quedó sin aliento. Pero el colador se vació por completo. "¡Al diablo con esto!", gritó. "¡Se acabó esta vida plena de estudiante espiritual!", lanzó al aire el colador y se retiró furiosa. "¡Espera!", le dijo el gurú. "Mira".

La joven volvió la mirada en el momento en que el colador flotaba sobre las olas del mar. Y la estudiante entendió. Empezó a perderse bajo la superficie, se hundió y desapareció. El gurú se le acercó a la estudiante. "No se puede sumergir por un lado y por otro. No se trata de sumergir y echarse a correr. Hay que meterse de lleno. La inmersión debe ser total". Y la estudiante entendió.

La manera más fácil de llegar a donde quieres es viajar con otros que se dirigen hacia allá. No tienes que hacerlo solo. Puedes recibir ayuda, luego puedes dar ayuda, uniéndote en línea a la comunidad mundial que va hacia donde tú vas, y ayudándose mutuamente a llegar.

Em y yo acabamos de crear esa comunidad en línea. La he mencionado varias veces en el texto, y lo hago nuevamente, es la "Red de cambiar el cambio" y está en: www.changingchange.net.

Ahí encontrarás muchos recursos que pueden servirte ahora y después, como:

1. Sección de pregunta y respuesta, donde puedes mandar cualquier pregunta que te surja al recorrer este texto y recibir respuesta de los miembros.

2. Área interactiva personal, tu "escritorio" privado, donde puedes entrar a una experiencia personal directa de este mensaje a través del estudio individual en línea, dándole seguimiento al encuentro en tu diario personal electrónico.

3. Pizarrón de mensajes, donde puedes interactuar con otros navegantes de la red, compartiendo comentarios y observaciones y, al mismo tiempo ofreciendo y recibiendo sugerencias y apoyo durante los momentos de cambio.

4. Clips de video y audio, donde hablo sobre diversos temas relacionados con la serie de libros *Conversaciones con Dios*, de donde se origina este texto.

5. Una sección adicional de recursos que presenta listas de libros, personas y organizaciones que pueden ayudar a quienes enfrentan grandes cambios en su vida.

6. Artículos de interés enviados periódicamente, relacionados con alguna faceta de la información que aquí se aborda.

7. Programa de todos los talleres "Cambiar todo", y la oportunidad de asistir con descuento por ser miembro de la red.

8. Centro de apoyo en red, donde cualquiera puede pedir información, ayuda, referencias de libros, personas u organizaciones que le hagan más sencilla la transición.

9. Área de preguntas frecuentes y de explicaciones adicionales, donde el material de este texto se explora a profundidad.

10. Área de "Cómo sobreviví al gran cambio de mi vida", donde los miembros de la red comparten sus historias personales.

Todo lo anterior es gratuito. Puedes entrar a un nivel todavía más alto de interacción ordenando el *libro de trabajo y guía de estudio de cambiar el cambio*, de venta para los miembros de la red en el sitio de Internet o para mayor rapidez, inscribiéndote con el pago de una cuota en el "programa personal de cambiar el cambio", curso en línea de dieciocho semanas que incluye libro de trabajo y guía de estudio, así como ejercicios, lecturas asignadas, proyectos mentales/espirituales, experimentos de vida diaria, tecnologías de aplicación, preguntas semanales para evaluar, y fragmentos inspiradores tomados de las más de 3000 páginas del material de *Conversaciones con Dios*, todos en tres paquetes de unidades de seis semanas enfocados a los aspectos mental, físico y espiritual de la transformación personal. La red, ofrece también oportunidades de recibir asesoría individual por teléfono o correo electrónico como complemento del programa.

Y, puedes meter al programa a alguien que se encuentre en lista de espera de una beca completa, llevándolo contigo a través del proyecto "Quiero compartir", que es la parte del programa que pone en marcha una de sus enseñanzas centrales: lo que quieras experimentar, dáselo a otro.

Esto es lo que sé en relación con todo esto: estamos juntos en este momento de cambio. El trabajo que estamos invitados a hacer es nuestro trabajo, no sólo tu trabajo o el mío. Si este trabajo de transformación personal lo hacemos juntos, no sólo nos transformaremos a nosotros mismos, sino al mundo entero. Si sólo nos transformamos a nosotros mismos y a nadie más, no habremos avanzado mucho en lo que vinimos a hacer aquí. Porque todos somos uno, que es el primer mensaje de *Conversaciones con Dios*. Lo que hacemos por otros, lo hacemos por nosotros mismos, y lo que no hacemos por otros dejamos de hacerlo por nosotros mismos.

No elevo el Yo si únicamente elevo la parte individual del Yo que se llama "yo". Ése es el principio, bueno, pero sólo es el principio. Al final, si nadie más se eleva, no habré sanado más que a una parte de las más de seis mil millones que existen. Es como tratar de sanar tu cuerpo sanando una célula de la punta del dedo. Es el principio. Sin duda. Pero no es el final de las cosas.

Por eso me gusta decir: "Es nuestro trabajo, o no funcionará".

Y aquí viene la buena noticia. La sanación es exponencial. La energía no se mueve en una progresión de 1-2-3-4, sino en una progresión de 2-4-8-16-32. Por tanto, movilizar a toda una cultura completa hacia una nueva experiencia de sí misma no sólo es posible y hoy, con la velocidad de la comunicación, aún más, sino probable. Es decir, va a suceder. Por lo que la única pregunta es: ¿Hacia qué clase de cultura nos movilizaremos? Es decir, ¿qué futuro estamos creando?

Todo está cambiando ya, y si queremos que cambie en la dirección que elegimos, tenemos que transformar todo.

Empieza contigo mismo, toca después a otros.

Les he ofrecido aquí algunos pensamientos finales, pero sin decir adiós. Espero sinceramente que usen los múltiples recursos disponibles para los miembros de la red y que sigamos en contacto. Para interactuar con nosotros, ¡sólo necesitan entrar al sitio de Internet que aparece antes!

Les ofrezco también estos recursos adicionales

www.emclairepoet.com

Sitio de Internet de la poeta cuyo trabajo
aparece en este libro.

www.maryomalley.com
Maestra y guía sorprendente en el camino de la vida.

www.nealedonaldwalsch.com
Sitio de Internet del autor de este libro.

www.cwg.org
Sitio de Internet de la Fundación
Conversaciones con Dios.

www.free2bu.com
Sitio de Internet del movimiento de educación global
basado en los mensajes de *Conversaciones con Dios*.

Terminaré con temas que los autores suelen ubicar al principio de sus libros, mis Reconocimientos y Dedicatoria.

Se colocaron al final para que pudieras entrar directamente a la conversación que quería sostener contigo, sin atravesar por otros asuntos. Sin embargo, esta ubicación del material no significa de ninguna manera que para mí tenga menos importancia. Aprecio profundamente a quienes les brindo mi reconocimiento, y la dedicatoria de mi libro es la sincera expresión de un corazón agradecido.

Reconocimientos

Es importante reconocer públicamente las notables contribuciones que modificaron mi experiencia al llegar a mi vida provenientes de personas cuya obra y enseñanzas he estudiado a profundidad, algunas de las cuales he tenido el honor de conocer personalmente. Si alguna de las ideas que aparecen aquí se considera valiosa, no se debe a que yo sea brillante en modo alguno, sino a que recibí la bendición de que se me guiara hacia personas con verdadera sabiduría, aguda percepción y extraordinaria claridad, voy parado en los hombros de los gigantes.

Entre ellos. . .

Alan Cohen
Rev. Terry Cole Whittaker
Werner Erhard
Lyman W. Griswold
Jean Houstosn
Barbara Marx Hubbard

Gerald Jampolsky
Byron Katie
Ken Keyes, Jr.
Dra. Elisabeth Kübler-Ross. MD
Dr. Ilchi Lee
Eckhart Tolle
Dennis Weaver
Marianne Williamson

Habiendo terminado este libro, has escuchado fluir sus palabras y sus ideas hacia ti, a través de mí. Con tantos maestros, me resulta imposible decir en cada caso de quién recibí un concepto, una idea o una inspiración. Les debo muchísimo a todos, y estoy profundamente, agradecido.

También quiero brindarle reconocimiento, muy en especial, a Beth y Jerry Stark, mis parientes políticos que son dos de las personas más finas que he tenido el privilegio de conocer. Notables por su amabilidad, gentiles, sensibles y amorosos en su trato con todos los que tocan su vida, generosos con su paciencia, extensos en su comprensión e infinitos en su perdón y aceptación, son seres maravillosos que me han inspirado a ser alguien mejor, no al decirme que podía, sino mostrándome cómo podemos todos. Educaron a una hija, mi esposa, que es todo lo anterior aumentado, testimonio vivo de quiénes son ellos.

Dedicatoria

Sé que es más o menos de rigor cuando se publica un libro, que el autor le dé reconocimiento a la compañera de su vida, pero quizá no sea tan habitual que un autor reconozca a cada una de ellas. Yo debo hacerlo, porque cada mujer con quien he tenido el privilegio de pasar buena parte de mi vida, ha contribuido enormemente a mi estado de alerta, mi comprensión y mi crecimiento. Pido perdón por los errores que cometí en su presencia, ofreciendo mi agradecimiento profundo a cada una. Ustedes saben quiénes son, y se lo diría al mundo si no fuera motivo de una injusta invasión a su privacidad. Gracias, por todo lo que me dieron y lo que sufrieron mientras luchaba por crecer.

Y ahora, gracias mayores que las Gracias a la extraordinaria mujer que me da el regalo de su presencia en mi vida. . . mi esposa y compañera espiritual en este tramo final del camino.

Mi amada, mi amada, mi otro ser: difícilmente podría describir con precisión la maravilla de tu persona, el gozo con el que llenas tantos momentos, lo sanador de tu tacto, la gentileza de tu ser, lo brillante de tu mente, la enormidad de tu corazón y, sobre todo, la profunda, honda sabiduría de tu alma. Al compartir tu compañía íntima y amorosa todos los días, soy consciente de la increíble bendición que es mía.

A ti te dediqué este libro
Em Claire
Porque fuiste tú quien
Cambió todo.

El libro de trabajo
Y guía de estudio

El texto que comprende el Libro de trabajo y guía de estudio que se mencionó en el postfacio, es un *addendum* muy recomendable a este libro. La guía se enfoca en áreas específicas de experiencia de vida, ofreciendo ejercicios, experimentos, tareas, cuestiones de estudio y extensos comentarios. La intención de este libro complementario es ayudar a los lectores a aplicar, de manera funcional los conceptos que aquí se exploraron. Al conocer el índice, se puede saber como el material amplía el alcance de este libro.

Capítulo 1: Cambiar la tristeza por felicidad
Capítulo 2: Cambiar la reacción por respuesta
Capítulo 3: Cambiar el miedo por entusiasmo
Capítulo 4: Cambiar la expectativa por anticipación
Capítulo 5: Cambiar la resistencia por aceptación
Capítulo 6: Cambiar la decepción por distancia
Capítulo 7: Cambiar la furia por compromiso

Capítulo 8: Cambiar la adicción por preferencia
Capítulo 9: Cambiar exigencias por satisfacciones
Capítulo 10: Cambiar el juicio por observación
Capítulo 11: Cambiar la preocupación por cuestionamiento
Capítulo 12: Cambiar el pensamiento por presencia
Capítulo 13: Cambiar un tiempo de confusión por un tiempo de paz.

El libro de trabajo y guía de estudio, puede ordenarse en www.changingchange.net

Otros títulos de
Neale Donald Walsch

Conversaciones con Dios, Libro 1
Conversaciones con Dios, Libro 1 Guía
Conversaciones con Dios. Libro 2
Meditaciones de Conversaciones con Dios, Libro 2
Conversaciones con Dios, Libro 3
Questions and Answers on Conversations with God
Friendship with God
Communion with God
The Little Soul and the Sun
The Little Soul and the Earth
Happier than God
Conversations with God Re-minder Cards
Moments of Grace
Neale Donald Walsch on Abundance and Right Livelihood
Neale Donald Walsch on Holistic Living
Neale Donald Walsch on Relationships
Bringers of the Light
ReCreating Your Self
Conversations with God for Teens
The New Revelations: A Conversation with God
The Wedding Vows from Conversations with God

(con Nancy Fleming-Walsch)

Este libro se terminó de imprimir
en marzo de 2010 en COMSUDEL S.A. de C.V.,
en Real Madrid # 57 Col. Arboleadas del Sur
C.P. 14370, Tlalpan, México, D.F.